마추픽추
정상에서
라틴아메리카를
보다

마추픽추 정상에서 라틴아메리카를 보다

처음 찍은 날   2007년 4월 20일
다섯 번째 찍은 날   2010년 1월 25일

지은이   손호철

펴낸이   정철수
편집   기인선 최대연 이단비
디자인   이은영 오혜진
마케팅   김둘미
Retouching by   안규림

펴낸곳   이매진
    주소 서울시 마포구 서교동 396-47번지
    전화 02-3141-1917 팩스 02-3141-0917
    이메일 imaginepub@naver.com
    블로그 blog. naver.com/imaginepub

등록   2003. 5. 14. 제313-2003-0183호
ISBN   978-89-90816-44-3 (03340)

손호철의 세계를 가다 1

마추픽추 정상에서 라틴아메리카를 보다

손호철 글·사진

이매진

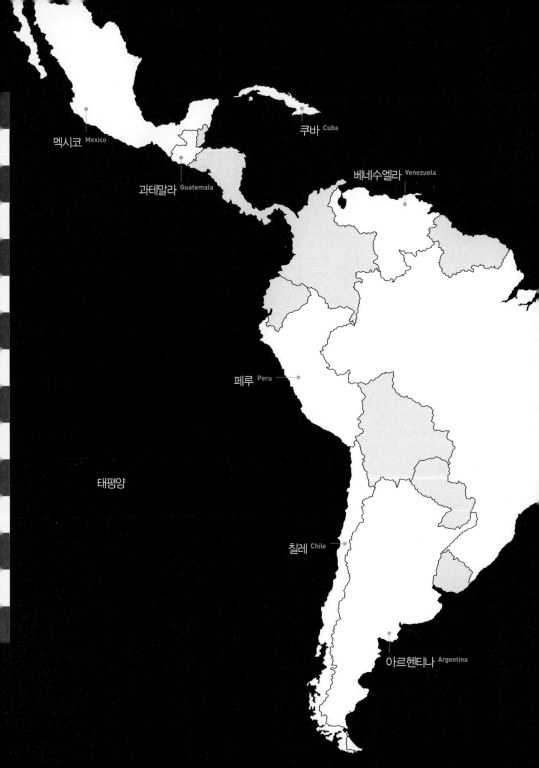

멕시코 Mexico

쿠바 Cuba

과테말라 Guatemala

베네수엘라 Venezuela

페루 Peru

태평양

칠레 Chile

아르헨티나 Argentina

2001년 3월(20일)
쿠바, 멕시코, 페루

2001년 6월(한 달 반)
칠레, 아르헨티나,
브라질

 브라질 Brazil

2004년 8월(한 달)
칠레, 아르헨티나,
브라질

2004월 12월(20일)
베네수엘라, 브라질,
페루

2006년 2월(일주일)
과테말라

프롤로그

세상에 인연이라는 것이 묘합니다.

저와 라틴아메리카의 관계가 그렇습니다. 라틴아메리카 전문가는 아니지만 진보적 지식인이 대부분 그렇듯이 공부를 하면서 라틴아메리카를 '이론적 고향'으로 삼아왔습니다. 종속이론, 관료적 권위주의 이론부터 이른바 PD(민중민주주의라는 뜻. 'people's democracy'의 약자로 1980년대와 90년대 진보 진영의 논쟁에서 민족 모순을 강조하고 반미자주화를 강조한 민족해방주의 노선과 달리 계급적 문제를 강조한 소수파의 견해)의 이론적 기반이 된 종속적 국가독점자본주의론과 종속적 파시즘론, 그리고 최근에는 시장 중심의 세계화, 97년 경제위기와 뒤따른 경제개혁과 관련된 종속적 신자유주의론에 이르기까지 우리 사회를 설명하고자 빌려온 이론 틀이 대부분 라틴아메리카에서 들여온 것이기 때문입니다. 그러나 이것은 이론으로만 듣고 배웠던 먼 나라 이야기였고, 라틴아메리카에 직접 가보고 체험한다는 것은 쉽지 않은 일이었습니다. 지구 반대편까지 26시간을 날아가야 한다는 부담감, 엄청난 비용과 언어적 장벽 때문이었지요.

그러던 중 2000년 가을, 대학에 몸을 담은 지 13년 만에 안식년을 얻어 미국 UCLA에 교환교수로 가게 됐습니다. 마침 친한 후배이자 라틴아메리카 전문가인 이화여대 이성형 교수가 멕시코에 교환교수로 나와 있었습니다. 그래서 우리는 라틴아메리카에서 상대적으로 가까운 곳에 있을 때 라틴아메리카 여행이나 하자고 의기투합해 2001년 세 차례로 나눠 쿠바, 멕시코, 칠레, 아르헨티나, 브라질을 두 달 넘게 여행했습니다. 쉽게 가보기 힘든 라틴아메리카를 이렇게 골고루 여행하고 나니, 언제 다시 라틴아메리카를 여행할 수 있겠나 싶더군요. 하지만, 라틴아메리카와 저의 인연은 여기서 끝이 아니었습니다. 2004년에도 라틴아메리카를 두 번이나 다시 찾게 되는 행운을 얻을 수 있었으니까요.

복지문제를 연구하는 젊은 정치학자들이 한국복지국가연구회를 만들면서 부탁을 해와 주제넘게 제가 회장을 맡게 됐습니다. 그런데 이 연구회의 몇몇 핵심 연구자들이 흥미로운 제안을 해왔습니다. 복지문제를 비교 연구하기 위해 라틴아메리카를 현지 조사하자는 것이었습니다. 마침 한·칠레 자유무역협정이 체결됐고, 경제위기로 국가부도 사태를 맞은 아르헨티나에서는 IMF가 요구한 긴축 프로그램에 저항해 실업자들이 폭동을 일으켜 정권을 무너뜨렸습니다. 또 브라질에서는 룰라 정권이 집권하는 등 라틴아메리카에서 제 관심을 끄는 일들이 많았습니다. 그래서 이런 문제의식을 갖고 한 언론사의 지원을 받아 2004년 여름, 칠레와 아르헨티나, 브라질을 여행했습니다. 미국을 일종의 베이스캠프로 삼아 라틴아메리카를 여행한 2001년과 달리 한국에서 직접 라틴아메리카로 날아가 한 달 동안 강행군을 하고 나니 너무 힘들어서 다시는 라틴아메리카에 안 가겠다고 다짐했습니다.

그러나 이런 결심을 한 지 몇 달이 채 안 된 2004년 11월 WTO반대 국민행동 이종회 사무총장이 전화를 해왔습니다. 12월 초에 베네수엘라에서 '인류를 지키기 위한 세계 지식인과 예술가들의 만남Encounter of World Intellectuals and Artists in Defence of Humanity'이라는 반세계화 대회가 열린다는 것이었습니다. 특히 주최 측에서 한국인 한 명을 초청했으면 한다며 민주화를 위한 전국교수협의회와 WTO반대 국민행동의 공동 대표인 제가 참석하는 것이 어떻겠냐고 물었습니다. 라틴아메리카를 다녀온 지 얼마 되지 않았고 12월 초면 학기도 끝나기 전이라 망설였지만 결국 가기로 했습니다. 베네수엘라는 가본 적이 없는 데다가, 차베스 정권에 대한 외신의 반응과 여러 논문, 그리고 서울노동영화제에서 상영된 베네수엘라의 볼리바르혁명 다큐멘터리를 보면서 한번 가봐야겠다고 생각했기 때문입니다. 그리고 베네수엘라까지 갈 바에는 그냥 돌아오기 아까우니 룰라 정부의 부패 스캔들 등으로 지방선거에서 PT당이 핵심 거점 도시인 상파울루와 포르투알레그레에서 패배한 브라질을 돌아보고 나서, 지난 두 차례 여행에서 가보지 못한 페루의 티티카카 호수를 들르기로 했습니다.

베네수엘라, 브라질, 페루를 거쳐 20일 동안 강행군을 마치고 페루에서 서울까지 26시간을 날아오면서 다시는 라틴아메리카에 가지 않겠다고 다시 한번 다짐했습니다. 그러나 라틴아메리카의 매력을 그렇게 쉽게 떨쳐낼 수는 없었습니다. 2006년 2월 미국을 방문했다가, 그래도 중미는 남미처럼 멀지 않다는 것을 핑계삼아 이번에는 과테말라에 다녀왔습니다.

지난 여행에서 했던 고생을 잊을 만하면 또다시 라틴아메리카 여행의 유혹에 사로잡힐지도 모릅니다. 그러나 우선 지금까지 제가 체험한 라틴아메리카의 풍경들을 한 권의 책으로 풀어놓고자 합니다. 몸으로 체험한 수많은 깨달음과 사유의 풍경들을 모두 보여드릴 수는 없겠지만, 글과 사진을 통해 제 여행길에 여러분을 초대하고 싶습니다.

특히 다른 라틴아메리카 여행기와는 달리 정치학자, 그것도 진보적 정치학자의 시각에서 역사와 정치부터 문화, 자연 등 다양한 라틴아메리카의 현실을 보려고 노력했습니다.

끝으로 라틴아메리카 전문가로서 저와 여러 차례 함께 여행하며 제 스승이 되어준 이화여대의 이성형 교수, 그때 그때 라틴아메리카 여행에 동행했던 친구들(로스앤젤레스의 최중환, 이영근, 유승엽)과 후배 교수들(강명세, 마인섭 박사), 책을 만드느라고 고생한 이매진의 정철수 대표, 그리고 여러 차례 여행하는 동안 가장의 부재를 참아준 가족들(아내 상민과 딸 고은이)에게 감사 드립니다.

2007년 1월 노고산에서

차례

Cuba

쿠바

아바나   바라데로

산타클라라

산티아고데쿠바

호세 마르티, 체 게바라, 피델 카스트로의 투쟁으로 오랫동안 꿈꾸어온 자주권을
갖게 된 쿠바. 그러나 경제는 낙후될 수밖에 없었고, 이제 경제위기 극복을 위해 어렵게
얻은 자주를 포기해야 할지도 모르는 딜레마에 빠져 있다.

아메리카를 찾아서

나는 아메리카를 찾고 있네
그리고 나는 결국 그것을 찾지 못할까 봐 걱정이네
그 흔적들이 어둠 속에 사라져버렸기 때문이네
나는 아메리카를 부르고 있네
그러나 그 대답은 내게 들리지 않는다네
진실을 두려워하는 자들이 그것을 실종시켜버렸기 때문이네

그림자들에 둘러싸여 우리는 진실을 부정하고 있지만
정의가 이루어지지 않는 한 평화는 없다네
독재 아래 살아가면서 나는 너를 찾아 헤매지만
너를 찾을 수 없다네
그리고 고문당한 네 몸뚱이가 어디에 버려져 있는지
아무도 모른다네

아메리카여, 너는 납치되었다네
또 입에 재갈이 물려졌다네
너를 해방시키는 것은 우리에게 달려 있다네
아메리카여, 나는 너를 부른다네
우리의 미래가 기다리고 있다네
네가 죽기 전에 모두들 내 수색 작업을 도와주게

나는 아메리카를 찾고 있네 나는 아메리카를 부르고 있네

멕시코시티를 떠나 쿠바로 향해 카리브해 위를 나는 쿠바항공 비행기 안. 가방 속 워크맨에 틀어놓은 루벤 블레이드Ruben Blades의 <아메리카를 찾아서 Buscando America>를 들으면서 노엄 촘스키의 『501년Year 501』을 다시 읽기 시작했다. 파나마 출신으로 하버드대 법대를 나온 지성파 가수로, 정치적 메시지를 시적인 가사와 살사 리듬에 실어 각광을 받아온 루벤 블레이드. <아메리카를 찾아서>는 유럽의 정복 때문에 파괴되고 잊혀진 '원래의 아메리카'를 찾는다는 메시지를 담고 있다. 한편, 세계적인 언어학자로 그 명성을 '남용'해 미국의 대외정책을 비판해온 촘스키의 『501년』은, '정복은 계속되고 있다'는 부제가 보여주듯이 콜럼버스의 아메리카 대륙 정복 501년이 되는 1993년 당시에도 계속되고 있던 미국의 팽창주의적 대외정책을 비판한 책이다.

콜럼버스의 아메리카 정복 509년이 되는 2001년 초, 나는 21세기를 맞아 아메리카 대륙의 과거, 현재, 미래를 찾는 두 달 동안의 긴 여행을 떠나게 됐다. 촘스키의 책 제목과 블레이드의 노래 제목을 결합해 변형한다면 '509년 - 아메리카를 찾아서'라고나 할까? 목적지는 북아메리카의 일부인 멕시코와 중미, 카리브해의 일부인 쿠바, 남아메리카의 중심 국가인 브라질, 아르헨티나, 칠레, 페루로 흔히 라틴아메리카라고 불리는 국가들이다.

남미 국가들은 한국과 정반대에 있어 지리상 가장 먼 곳이며, 여정의 출발지인 로스앤젤레스에서 가기에도 한국보다 더 먼 곳이다. 그러나 오랜 식민지 경험, 낙후된 경제와 군사독재를 경험했다는 측면에서 한국과 비슷한 점이 많다. 그래서 1970년대 후반 이후 한국의 지식인들은 라틴아메리카에 많은 관심을 기울여왔다. 70년대 말에 유행하기 시작한 종속이론부터 관료적 권위

주의 이론(박정희 정권과 전두환 정권의 억압적 정치체제를 설명하고자 도입),
신식민지국가 독점자본주의론(본격적인 마르크스주의 이론이 복원되기 시작
한 80년대 말 한국이 미국의 식민지라는 북한의 이론을 받아들인 주사파에
대항해 PD라고 불리는 일부 지식인과 운동 진영이 주장)과 신식민지파시즘
론까지 한국의 비판적 사회과학과 운동진영에 이론적 자원을 제공한 곳이 모
두 라틴아메리카라고 해도 지나친 말이 아니다. 이런 점에서 라틴아메리카는
1980년대 이후 한국 지식인들, 특히 비판적 지식인들에게 일종의 '이론적 고
향'인 셈이다.

그러나 이런 관심도 한때, 80년대 이후 한국경제는 도약이 시작됐지만
라틴아메리카는 경제 위기를 맞자 우리는 이 나라들을 잊고 말았다. 라틴아메
리카의 경제 위기를 목격하면서 우리는 이것을 못난 라틴아메리카의 이야기,
우리와 무관한 남의 이야기라고 치부한 채 우리가 거둔 경제적 성공을 뿌듯해
하기에 바빴다. 라틴아메리카는 우리의 성공을 더욱 값지게 만들어주는 패자
의 사례 정도로 다뤄졌다. 그러나 1997년 경제 위기와 그 결과로 나타난 '한
국의 라틴아메리카화' 경향은 이런 우리의 인식이 착각이었음을 보여줬다.

라틴아메리카로 향하는 내 가슴은 뛸 수밖에 없었다. 그동안 책으로 읽
은 라틴아메리카의 무수한 이론이 머리를 스쳐갔고, 지적 고향을 향한 성지
순례 같은 경건함마저 느껴졌다. 게다가 이런 좁은 지적 관심을 넘어서 우리에
게 생소한 신비의 땅 아메리카 대륙의 역사와 자연을 직접 본다는 생각을 하
니 마치 소풍을 가는 초등학생처럼 설레기만 했다.

영어 문법 제국주의

체 게바라, 카스트로, 시가, 사탕수수, 럼주, 그리고 살사.

'쿠바' 하면 대개 이런 것들이 떠오른다. 그리고 70~80년대에 한국에서 대학에 다닌 사람들이라면, 미국의 어느 좌파 지식인이 쿠바혁명을 주제로 쓴 『들어라 양키들아 Listen, Yankee: The Revolution in Cuba』라는 충격적인 책 제목을 떠올릴 것이다. 70년대 말 박정희 정권은 한심하게도 불온도서 수입금지 조치를 취했다. 그러나 때로는 검열관들의 무지 덕분에 위험을 무릅쓰고 밀반입되어온 불온서적 복사판이 비밀리에 거래됐다. 『들어라 양키들아』도 이런 책 중 하나였는데 아르바이트로 번 알토란 같은 용돈으로 이 책을 사서 읽던 기억이 생생하게 되살아났다.

아바나 공항에 다 왔으니 안전벨트를 매라는 안내 방송이 흘러나왔다. 창 밖으로 아바나 시내를 바라보면서 문득 북한과 쿠바의 색다른 공통점이 떠올랐다. 가깝고도 먼 나라. 한국에서 지적에 놓인 북한에 가려면 중국을 거쳐 돌아가는 수밖에 없다. 지금도 특별한 경우가 아니면 상황은 마찬가지다.

미국에서도 마이애미에서 80마일밖에 떨어지지 않은 쿠바에 가려면 멕시코나 캐나다로 돌아가야 한다. 혁명 이후 '미국 환락의 섬'에서 '미국 콧잔등의 종기'로 변해버린 쿠바를 무너뜨리기 위한 미국의 경제 제재 때문이다. 특히 미국 시민은 쿠바 여행이 법으로 금지돼 있다. 아직 이 문제로 처벌받은 사람은 없지만 쿠바여행 안내책자에는 제3국을 통한 여행도 적발될 경우 거액의 벌금을 물 수 있다고 설명돼 있다. 미국 시민권자가 아닌 나도 멕시코시티를 거쳐 쿠바행 비행기를 타야 했다. 그래서 많은 미국인은 쿠바 여행을 생각도 못하고 있지만, 일부 모험심 강한 미국인들은 당국의 눈을 피해 멕시코나 캐나다를 거쳐 쿠바여행사를 통해 비자를 받아 쿠바를 방문하고 있다.

아바나 공항의 입국 수속은 우리와 정식 외교관계가 없는 사회주의 국가치고는 의외로 간단했다. 멕시코시티의 쿠바여행사를 통해 받은 여행 비자를 확인하는 게 전부였다. 쿠바 정부는 미국이나 한국처럼 쿠바와 외교관계가 없는 나라, 특히 미국처럼 나중에 쿠바에 다녀온 것이 밝혀져 처벌을 받을 수 있는 나라에서 오는 관광객을 유치하려고 노력하고 있다. 금강산 방문 때 북한이 발급하는 여행허가서처럼 여권에 비자를 찍지 않고 별도의 비자를 발급, 확인하는 방식을 취하는 것이다. 여권에 쿠바를 방문한 흔적이 남지 않도록 배려하고 있었다. 게다가 비자 발급 역시 국영 쿠바여행사가 대행하고 있어 별문제가 없었다. 흔히 잔존 사회주의 국가라고 이야기하는 북한, 중국, 베트남, 쿠바 중 쿠바를 제외한 세 곳은 한 번씩 가보았지만 쿠바 땅을 밟는 것은 처음이었기 때문에 가슴이 두근거렸다. 쿠바 사회주의는 어떤 모습일까, 궁금하고 조금 흥분됐다.

그러나 입국 절차를 마치고 나온 나를 가장 먼저 맞은 것은, 커다란 컬러 텔레비전 속에서 선정적인 자태로 수영장 주변을 걷고 있는 반라의 여성들이었다. 외국인 관광객을 위한 광고였다. 이해는 됐지만, 사회주의 국가에서 이런 모습을 보니 뭔가 씁쓸하고 불편한 느낌이 가시지는 않았다. 여행사에서 마중 나온 밴을 타고 아바나 시내로 향하는 길에서는 60년대 한국을 연상케 하는 낙후한 경제의 면면을 볼 수 있었다. 전형적인 제3세계의 모습이었다. 가

아바나의 해변

쿠바만세

상업화된 쿠바의 단면

끔 멀리 보이는 '쿠바 만세'라는 거대한 선전 문구들이 쿠바에 와 있다는 것을 확인시켜 줬다. 차를 타고 한참을 달리다 시내에 들어가려는데 그 전에 운전사가 차를 세우고 사복 차림을 한 젊은 사람에게 다가가 서류를 보여주는 게 특이했다. 일종의 체크포인트인 셈이다.

도착한 곳은 카리브 해가 내려다보이는 전망 좋은 고층 호텔. 조금 투박하고 편의 시설들은 그다지 좋지 않았지만 기본 시설은 서울의 여느 호텔 못지않은 고급 호텔이었다. 미국과 쿠바의 불화 때문에 쿠바를 찾는 관광객은 주로 유럽 사람들인데, 추운 날씨를 피해 몰려들기 때문에 태양의 나라 카리브 해의 관광 시즌은 유럽의 겨울이라고 한다. 비수기인 탓에 호텔에는 손님이 그리 많지 않았다. 호텔에 짐을 풀고 여행 안내서를 보며 미리 생각해놓은 대로 택시를 잡아타고 구 아바나로 향했다. 구 아바나에는 오랜 유적과 상점이 모여 있고, 신 아바나에는 혁명 뒤 세워진 행정부서들과 최신 시설을 갖춘 호텔들이 모여 있다.

구 아바나로 향하는 도로 왼쪽으로 카리브 해가 넘실대며 방파제를 매섭게 때려대고 있었다. 바다야 대개 그것이 그것이지만, 저 바다가 카리브 해라고 생각하니 왠지 가슴이 뜨거워졌다. 오른쪽으로 눈을 돌리자 낡은 아파트들이 도로를 따라 서 있었는데 군데군데 공사가 한창이었다. 경제가 회복되기 시작했다는 증거였다. 나중에 속사정을 알아보니 스페인을 비롯한 유럽 여러 나라가 재정을 지원해서 주택 보수를 돕고 있다고 한다.

가장 먼저 찾은 곳은 콜럼버스의 옛 자택. 콜럼버스가 발견한 것은 신대륙이 아니라 그 앞의 작은 섬 쿠바였는데, "인간의 눈으로 본 가장 아름다운 곳"이라고 감탄했다. 재미있는 것은 콜럼버스가 쿠바를 발견하고 일본에 도착한 것으로 잘못 알았다는 것.

전형적인 스페인풍 3층 저택은 생각보다 작았지만 잘 보존돼 있었다. 우리는 영어 시간에 '콜럼버스가 미국을 발견했다Columbus discovered America'를 수동태로 만들면 어떻게 되는지를 배운다. 즉 우리는 단순히 수동태라는 영어 문법을 배우지만 무의식적으로 콜럼버스는 미국을 정복한 것이 아니고 단순히 발견했을 뿐이라는 서양인들의 자기 중심적인 역사 해석을 받아들이게 되는 것이다. 콜럼버스가 미국을 발견한 것이라면 그가 도착했을 때 아메리카 대륙에 살고 있던 수많은 인디언은 다 무엇인가. 콜럼버스의 역사적 행위는 분명히 발견이 아니라 정복이었다. 영어 문법 제국주의인 셈이다.

어쨌든 인류의 역사를 뒤바꾼 콜럼버스의 아메리카 정복은 5백 년이 지난 현재에 이르러 새로운 조명을 받고 있다. 미국에서는 국가적 기념일인 '콜럼버스의 날'을 맞아 콜로라도 덴버 시에서 열리는 행사가, 수천 년 전부터 지속해온 자신들의 오랜 전통을 모독한다는 인디언들의 거센 항의로 몇 년째 열리지 못하는 것이다. 지하에 있는 콜럼버스는 이런 사태를 어떻게 생각할까. 콜럼버스와 인디언 대표들이 가상 논쟁을 벌인다면 콜럼버스는 아직도 야만적인 인디언들을 문명화시킨다는 자신의 소명이 옳았다고 주장할까.

쿠바는 스페인을 비롯한 유럽이 인디언을 서구 문명에 굴복시키지 못하자 원주민을 거의 멸종시키고 노동력으로 쓰려고 아프리카 노예를 데리고 온 대표적인 나라다. 그래서 인구 대부분이 아프리카계와 혼혈이다. 그러나 카스트로를 비롯한 지도층은 여전히 백인이다. 따라서 쿠바가 좁게는 반미, 넓게

콜럼버스의 옛 자택

옛 스페인 총독 관저
주변의 노천 서점

는 강대국에 저항하는 반제국주의 선두 국가라고 자부하고 있지만, 콜럼버스로 대표되는 유럽의 쿠바 정복이 없었다면 카스트로를 비롯한 현재의 쿠바 지도자들도 존재할 수 없다는 딜레마에 빠지게 된다. 콜럼버스의 저택을 바라보며 카스트로를 비롯한 쿠바 정부가 콜럼버스를 어떻게 평가하는지 새삼 궁금해졌다.

가까운 거리에 있는 옛 스페인 총독 관저로 향했다. 총독 관저 앞의 도로는 세계에서 유일하게 흙 위에 나무를 깐 나무 도로다. 총독이 낮잠 잘 때 발소리 때문에 방해를 받지 않기 위한 아이디어였다니 식민주의 오만의 극치를 읽을 수 있었다. 총독 관저 근처에는 이젤처럼 생긴 진열대에 낡은 책들을 놓고 파는 노천 서점들이 늘어서 있었다. 스페인어를 모르지만 일단 진열대를 훑어나갔다. 전설적인 혁명가 체 게바라가 죽기 직전 볼리비아에서 게릴라 활동을 하며 쓴 『볼리비아 일기』 초판이 얼른 눈에 들어왔다. 출판과 관련된 비화로 유명한 책이다.

잘 알려졌듯이 게바라는 볼리비아에서 게릴라 활동 중 부상을 입고 볼리비아군에 생포되서 사살됐다. 당시 볼리비아군 관계자들은 카메라, 롤렉스 시계 등 게바라의 소지품들을 팔아 횡재를 했는데, 그 소지품 속에 이 일기가 들어 있었다. 이 일기의 복사본은 며칠 뒤 미국 중앙정보국CIA 현지 첩자를 통해 미국으로 전해졌는데, 당시 대통령 특보이던 W. W. 로스토우(『경제 성장 단계론The Stages of Economic Growth』(1960)으로 유명한 경제학자)가 존슨 대통령에게 제출한 보고서가 이런 사실을 확인해 주고 있다. 미국은 이 일기를 대 쿠바 선전전에 이용하기로 했고, 게바라와 카스트로가 심각한 불화를 겪은 내용이 있다는 왜곡된 정보를 흘리기 시작했다. 볼리비아 정부는 게바라를 상대로 한 군사작전에 소요된 국방예산을 복구한다는 명분 아래 이 일기를 경매에 부치겠다고 공포했고, 미국의 주요 출판사들이 경매에 응했다.

그러나 역사의 신은 게바라의 손을 들어줬다. 미국이 왜곡된 게바라 일기를 출판해 쿠바혁명과 게바라를 욕보일까 봐 카스트로가 전전긍긍하고 있을 때, 볼리비아의 어느 고위 관리가 칠레에 있는 쿠바통신사 지국에 찾아와 미국이 게바라 일기를 조작하지 못하도록 일기 사본을 넘겨주겠다고 나선 것이다. 쿠바 정부에 비상이 걸렸고, 며칠 뒤 그 관리는 레코드판 속에 숨겨온 마이크로필름을 건넸다. 이 필름을 입수한 쿠바 정부는 게바라의 필적을 확인하고 볼리비아에서 함께 게릴라전을 펼친 부하들을 동원해 일자별 행적을 확인했다. 이 일기 사본이 진짜로 밝혀지고 나서 출판에 들어간 지 8일 만에 역사적인 『볼리비아 일기』가 세상에 나왔다. 이렇게 해서 『볼리비아 일기』를 대쿠바 선전전에 이용하려던 미국의 공작은 실패했고 미국과 쿠바의 첩보전은 쿠바의 승리로 끝났다.

이런 기구한 역사를 알기에 이 책 초판을 만난 게 무척이나 반가웠다. 그러나 정색을 하고 나서는 경우 바가지를 씌우는 게 헌책방의 생리임을 잘 알고 있어서 별것 아닌 것처럼 태연한 표정을 지으며 가격을 묻자 5달러를 부른다. 쿠바 물가를 생각하면 비싼 값이지만 그래도 이 역사적인 책을 5달러에 살 수 있는 횡재를 놓칠 수 없어 얼른 값을 치르고 신줏단지 모시듯 배낭에 잘 넣었다. 아바나의 첫날은 이렇게 예상 밖의 수확과 함께 끝이 났다.

헤밍웨이와 호세 마르티

아바나에서 가장 눈에 띄는 것은 혁명 전에 의회로 쓰이던 옛 의회 건물이다. 이제는 학술원이 된 이 건물은 미국 의사당과 꼭 닮아있어 마치 워싱턴에 와 있는 착각에 빠질 정도였다. 게다가 그 앞에는 미국에 가져가면 횡재를 할 50년대식 시보레 등 미국 자동차들이 늘어 서 있어 마치 50년대 워싱턴에 온 기분이었다. 그러나 옆으로 눈을 돌리자 십대로 보이는 쿠바 청소년들이 건물 앞 보도에서 롤러 블레이드를 타고 있어 다시 현실감을 찾을 수 있었다. 반미의 나라 쿠바에서도 롤러 블레이드가 인기를 끌고 있다니 대중문화란 정말 무섭다는 것을 다시 한번 실감했다. 어쨌든 미 의사당을 닮은 건물을 찬찬히 뜯어보니 그 모습이 미국의 예속국이던 옛 쿠바의 현실을 가장 잘 드러내준다는 생각이 들었다. 그러나 독재만 일삼다 혁명에 무너진 역사가 말해주듯이 결국 과거 쿠바 정치인들은 건물만 빌려 왔지 정신은 옮겨오지 못했다는 생각이 함께 찾아왔다. 사실 사회적 조건이 너무도 다른 쿠바가 근본적인 개혁을 하지 않고 미국 정치의 정신을 옮겨온다는 것은 애당초 불가능한 일이었다.

쿠바의 옛 의회 건물

좁은 아바나 거리를 누비고 다니면서 놀란 것은 가난한 삶 속에서도 너무나 밝고 낙천적인 사람들의 모습이었다. 거리 곳곳에는 화려한 티셔츠 차림의 악사들이 신나는 살사 음악을 연주하고 있어 발이 떨어지질 않았다. 인디오와 스페인계 혼혈이 대부분인 다른 라틴아메리카 나라와 달리 쿠바는 아프리카계와 정열의 스페인계 혼혈이 중심을 이루고 있다. 그래서인지 거리에서는 아프리카계 특유의 탄력 넘치고 율동감 있는 걸음걸이로 지나가는 미인들의 모습을 자주 볼 수 있다. 쿠바여행 안내책자에는 쿠바에 가면 진지하게 마음(?)이 있지 않는 한 여자와 오랫동안 눈을 맞추지 말라는 주의사항이 있었다. 그럴 경우 데이트를 하자는 뜻으로 받아들인다는 것이다. 그런데 내가 눈을 맞추기는커녕 검은 피부의 미인들이 여기저기서 내게 눈빛을 보내오는 바람에 당혹스러웠던 적이 한두 번이 아니다. 사실 쿠바 하면 살사가 떠오르지만 쿠바는 살사만이 아니라 50년대 세계를 휩쓴 맘보, 차차차 등 우리에게 익숙한 음악들을 만들어낸 댄스 음악의 천국이다. 또 이렇게 유명하지는 않지만 룸바는 엘비스 프레슬리의 엉덩이 춤을 연상케 하는 아주 에로틱한 댄스음악이다.

아바나의 아파트들은 낡고 좁아터져 더위를 피하기는 어렵지만 밖으로 나오면 카리브 해에서 불어오는 바람이 아열대성 더위를 시원하게 식혀준다. 그래서인지 사람들은 할 일이 없어도 밖으로 나와 쏘다니기 때문에 거리는 늘 사람들로 북적거렸다. 평일인데도 일을 하지 않고 돌아다니는 게 이상해 가이드에게 물어봤더니, 실업자도 있지만 일하는 사람들도 순번제로 근무를 해서 평일에 일을 하지 않는 사람이 많다는 것이었다.

예술에 관심 있는 사람들에게 구 아바나의 관광 명소는 단연 헤밍웨이

아바나 시내의 낮 풍경

루트일 것이다. 스페인 시절의 중심 광장에서 멀지 않은 골목에는 아담한 암보스 문도스 호텔이 자리 잡고 있다. 노년기의 헤밍웨이가 카스트로와 포옹을 하는 커다란 사진이 호텔 로비에서 관광객들을 맞았고, 헤밍웨이가 거의 10년 동안 장기 투숙하던 511호실은 60년 전 『누구를 위하여 종은 울리나』를 쓰던 당시 모습 그대로 보존돼 있다. 헤밍웨이가 즐겨 걷던 '헤밍웨이 루트'를 따라가면 카리브 해의 파도가 거세게 몰아치는 부두가 이어진다. 『노인과 바다』의 배경이 된 곳이다. 카리브 해를 바라보자 노인 역의 앤서니 퀸이 거센 파도 속에서 거대한 참치와 혈투를 벌이는 영화 속 장면이 눈앞에 펼쳐지는 것 같았다.

　다시 헤밍웨이 루트를 따라 조금 걷자 헤밍웨이가 즐겨 찾던 술집들이 이어졌다. 헤밍웨이는 가까운 '플로리디타'에서 강한 럼주를 스트레이트로 몇 잔한 뒤 이곳저곳 2, 3차를 거쳐 '보데귀타 드 메디오'라는 술집에서 기가 막히게 맛있는 모히토를 마시는 것으로 저녁 시간을 보냈다. 관광객들이 북적대는 보데귀타 드 메디오에 간신히 자리를 잡고 앉아 모히토를 한 잔 마셔보았다. 과연 듣던 대로 기가 막힌 맛이었다. 럼주에 얼음과 설탕 등을 넣고 만든 이 칵테일은 시원하면서도 탁 쏘는 맛이 그만이었다. 두세 잔 마시자 만사가 귀찮아지는 것이 왜 헤밍웨이가 문명을 피해 이곳 쿠바에서 오랜 시간을 보냈는지 이해가 될 지경이었다.

　택시를 타고 시 외곽에 자리한 거대한 성곽으로 향했다. 18세기 말 영국이 쿠바를 점령하자 교역의 중심지를 잃은 스페인이 플로리다를 영국에 주고 되찾고 나서 소 잃고 외양간 고치는 격으로 지었다는 아메리카 대륙 최대의 성곽이었다. 이 성곽은 쿠바가 남미에서 올라오는 다양한 노획물들과 생산품들을 집결시켜 스페인으로 보내던 아메리카 대륙 최고의 전략적 요충지였다는 사실을 보여준다. 또 영국 같은 다른 유럽국가의 침공뿐 아니라 카리브 해의 해적들을 퇴치하기 위한 것이기도 했다. 1천 명의 군인이 상주했고 쿠바의 독립투사들을 잡아다 처형한 악명 높은 역사의 현장이기도 하다.

　그러나 이 성곽도 쿠바를 호시탐탐 노려온 미국 해군의 화력을 이기지 못했고, 결국 1898년 전쟁에서 패한 스페인은 쿠바를 떠나야 했다. 이렇게 미국의 영향권에 들어간 쿠바는 미국의 군정을 거쳐 형식적으로 독립을 하지만

1959년 쿠바혁명 때까지는 미국의 예속국으로 남아 있었다. 그곳을 방문했을 때 카리브 해를 향해 세워진 거대한 포대는 한참 보수 중이었는데 보수 비용은 스페인 정부가 댄다고 한다. 아마 자신들의 지배의 역사를 보존하려는 속셈일 것이다. 그 성곽은 혁명 직후 아바나를 접수한 게바라가 한때 혁명군 지휘본부로 삼기도 했다. 그래서 특별한 전시품은 없지만 체 게바라 박물관이 세워져 있다. 그러나 안타깝게도 박물관이 보수 중이라 관람은 하지 못하고, 그 앞 상점에서 게바라의 사진이 찍힌 티셔츠와 게바라 베레모를 사는 것으로 만족해야 했다.

신 아바나로 들어가자 작은 언덕에 세워진 거대한 탑과 로댕의 <생각하는 사람>을 연상케 하는 하얀 조각이 눈을 사로잡았다. 쿠바 독립의 아버지, 쿠바의 조지 워싱턴이라고 할 수 있는 호세 마르티의 동상과 기념관이었다. 근대 중남미 문학의 효시라고 불리는 호세 마르티는 쿠바 출신의 뛰어난 문필가이자 언론인이며 혁명가다. 열일곱 살 때부터 독립운동을 하다 체포되었고 뉴욕에서 망명생활을 하는 등 일생을 쿠바 독립을 위해 투쟁했다. 그러다가 자신이 조직한 제2차 쿠바독립전쟁에 참가하기 위해 귀국한 뒤 1895년 첫 전투에서 사망했다. 호세 마르티의 이름을 아는 한국인들은 그리 많지 않지만 사실 많은 사람들이 그의 시를 알고 있다. 우리 귀에 익은 <관타라메라>라는 노래가 바로 마르티의 시를 노래로 만든 것이기 때문이다.

나도 유학 시절 다양한 세계의 민중음악을 듣고 연구하면서 이 사실을 알게 됐다. 우리의 아리랑이나 세계 각국의 구전 민중가요들을 모아 세계에 소개한 미국의 민중가수 조안 바에즈, 밥 딜런 등 60년대 포크 가수들의 정신

호세 마르티 동상

게바라 박물관에서
산 베레모를 쓰고
티셔츠를 입은 필자

호세 마르티 기념관을 관람하려고
기다리는 쿠바의 어린 학생들

적인 아버지 노릇을 해온 피트 시거의 음반을 통해서였다. 피트 시거는 다양한 진보적 집회에 나가 노래를 하면서 그 노래의 역사적 배경을 설명하곤 했는데, <관타라메라>가 호세 마르티의 시에 곡을 붙인 것이라는 말을 듣고는 놀란 적이 있다.

카스트로는 대학 시절 바티스타 독재를 무너뜨리려고 군부대를 습격했다 체포돼 악명 높은 정치범 수용소에서 지낸 적이 있었다. 그래서 혁명 뒤 자신이 갇혀 있던 섬에 대리석이 많았다는 것을 기억하고, 그 섬의 대리석을 가져다가 높이 1백 40미터의 호세 마르티 기념탑을 만들었다고 한다. 카스트로의 정치범 경력 덕에 이 탑을 세울 수 있었던 것이다. 기념관 앞에는 단체관람을 온 하얀 교복 차림의 학생들이 줄을 서서 입장을 기다리고 있었다. 교육과 의료 부문에서는 선진국에 뒤지지 않는다고 자랑하는 쿠바의 자존심에 걸맞게

학생들은 어려운 경제 사정에 비해 깨끗한 교복을 입고 있었고 무척 밝은 얼굴들이었다.

스페인 식민통치와 독립운동에 대한 다양한 자료를 관람하고 엘리베이터를 타려고 하자 안내하는 아가씨가 종이 한 장을 내줬다. 호세 마르티 기념관 관람 증명서라는 것이다. 마치 학교졸업장 같은 증명서였다. 엘리베이터를 타고 탑 꼭대기에 오르자 아바나가 한눈에 들어왔다. 붉은 황혼에 아름답게 물든 아바나를 내려다보니 나도 모르게 입에서 <관타라메라>가 흘러나왔다.

나는 야자수 나라에서 온 진실한 사나이라네
죽기 전에 내 영혼의 노래를 함께 나누고 싶다네
......
내가 죽으면 어둠 속에 나를 묻지 말아 주오
매국노들과 달리 나는 자랑스럽게 살았으므로
나는 태양을 바라보며 죽을 것이네

죽어서도 쿠바 살리는 게바라

아바나 신 시가지 호세 마르티 기념관 건너편에는 쿠바의 붉은광장이라고 할 수 있는 혁명광장과 아바나 최고의 관광 명소인 내무성이 자리 잡고 있다. 혁명광장은 교황이 방문했을 때 대규모 미사가 열렸던 곳이며, 얼마 전 미국과 쿠바를 떠들썩하게 했던 엘리안 소동 때 엘리안을 쿠바로 송환하라는 대규모

항의집회가 열렸던 곳이기도 하다. 크렘린의 붉은광장에 섰을 때도 느꼈지만 서울의 여의도광장에 익숙해 있기 때문인지 혁명광장은 생각보다 작고 볼품 없었다.

혁명광장은 그렇다 치고 내무성이 관광 명소라니 의아하겠지만, 한때 이 곳에 근무했던 게바라의 초대형 초상이 검은 네온으로 외벽에 설치돼 있기 때 문이다. 밤에는 네온에 불이 들어와 더욱 아름답다. 대학생이 된 기분으로 산 게바라 티셔츠와 붉은 별이 달린 검은 베레모를 쓰고 기념촬영을 하자 옆에서 사진을 찍던 유럽 관광객들이 엄지손가락을 세워 보였다.

레닌, 마오쩌둥, 호치민 등 열거하려면 끝이 없는 20세기의 많은 혁명가 중 체 게바라만한 카리스마와 마력을 지닌 혁명가는 없다. 소련과 동유럽이 몰락한 뒤 많은 혁명가들이 함께 잊혀졌지만 체 게바라만은 여전히 높은 인기 를 누리고 있다는 사실을 봐도 잘 알 수 있다. 한국에서도 얼마 전 체 게바라 전기가 출판돼 큰 인기를 누렸다. 신비에 싸인 눈빛과 턱수염, 영화배우 뺨치 게 잘 생긴 얼굴 때문이었을 수도 있지만, 승리한 뒤 현실정치에 오염돼야 했 던 많은 혁명가와 달리 끝까지 이상을 찾아 투쟁하다 젊은 나이에 사살되는 등 극적인 삶과 그의 이상주의, 로맨티시즘 때문이기도 하다.

아르헨티나의 의과대학생으로 오토바이 여행에서 비참한 라틴아메리카 의 현실을 보고 사회의식을 갖게 되고, 의사가 되고 나서도 멕시코에서 망명 중이던 카스트로를 만나 자신과는 아무 상관 없는 쿠바혁명에 앞장선 그의 삶은 한 편의 영화 자체다. 그는 82명의 혁명군과 함께 낡은 배를 타고 쿠바 의 산악지대에 상륙한 뒤 3만 5천명의 바티스타 정부군에 대항해 만성적인 천

영화 <모터싸이클 다이어리>의
한 장면

식환자로서 정상인도 견디기 어려운 게릴라전을 이끌었다. 더불어 전설적인 산
타클라라 전투 총사령관으로 전투를 승리로 이끌어 쿠바혁명 성공에 결정적
인 전기를 마련하기도 했다. 그리고 혁명이 성공한 뒤에도 산업부 장관, 중앙
은행장 등의 요직을 버리고 어느 날 갑자기 세계혁명을 위해 쿠바 국적을 반납
하고 아프리카 콩고의 게릴라전을 돕고자 떠나는가 하면, 볼리비아에서 라틴
아메리카 전체의 해방을 위해 게릴라전을 벌이다 생포돼 죽음을 맞았다. 이런
게바라의 일생은 이념과 상관없이 많은 사람을 매료시켜왔다. 그런 결과 소련

과 동유럽 몰락 이전에도 출간되지 않던 게바라의 라틴아메리카 모터싸이클 여행기가 '『자본』과 <이지라이더 Easy Rider>(60년대 히피와 오토바이족을 그린 영화)가 만나다'라는 카피와 함께 출간돼 인기를 끌고 있다(이 여행기를 기초로 만든 영화가 얼마 전 한국에서도 상영됐던 <모터싸이클 다이어리>다).

우연인지 모르지만 2000년 6월에 시작된 안식년을 맞아 미국에 도착해서 가장 먼저 산 책이 새로 나온 게바라 전기였다. 멕시코의 유명한 소설가이자 역사학자인 파코 타이보가 쓴 『체라고도 알려진 게바라 Guevara also known as Che』에는 다른 게바라 전기와 달리 쿠바 문서보관소에 보관돼 있는 게바라의 미발표 원고, 일기, 쿠바 정부문서 등을 전부 섭렵하고 다양한 관계자들의 인터뷰가 실려 있다. 그동안 모르던 사실들을 밝혀낸 게바라 전기의 결정판이었다. 특히 그때그때 사건의 전개에 맞게 게바라의 일기와 육성을 생생하게 전달해 그의 일생을 새롭게 이해할 수 있게 했는데, 무척 흥미진진해 7백 쪽이나 되는 두꺼운 책을 이틀 만에 다 읽어 제칠 수 있었다.

이번 여행에서 발견한 재미있는 사실은 게바라는 죽어서도 쿠바를 살리고 있다는 것이다. 쿠바 어디에 가도 중요한 관광 상품의 재료는 죄다 게바라였기 때문이다. 게바라 사진이 새겨진 티셔츠는 말할 것도 없고 붉은 별이 달린 검은 베레모, 골프채를 들고 그린에 선 게바라의 모습이 담긴 다양한 엽서와 사진포스터들(게바라는 철저한 금욕주의자이자 자신의 삶에 엄격한 전형적인 혁명가였지만 체스 게임만은 광적이어서 세계적 고수들과 여러 번 겨룬 바 있고 가끔 카스트로와 골프도 즐겼다. 그러나 실력은 형편없었는데 그래도 카스트로보다는 나았기 때문에, 자신이 젊은 시절 캐디로 일해 카스트로보다 잘 친다고 자랑했다고 한다), 게바라 사진들로 만든 달력, 게바라의 초상이 새겨진 열쇠고리, 게바라의 얼굴과 글씨를 새긴 목각 장식품에 이르기까지 온통 게바라투성이다. 한마디로 게바라가 없었으면 무엇으로 관광 상품을 만들어 팔았을까 싶을 정도다. 결국, 게바라는 죽어서도 외화벌이를 통해 쿠바 혁명을 돕고 있는 셈이다. 게바라의 뜨거운 정신은 없고 게바라를 팔아 외화벌이로 연명하고 있는 쿠바의 현실이 씁쓸하게 느껴지기도 했지만. 한편으로는 쿠바가 이렇게라도 돈을 버는 게 낫지 않나 싶기도 했다.

쿠바의 시골맛을 보기 위해 4박 5일 일정 중 하루를 빼 아바나에서 3시간 거리에 있는 해변휴양지 바라데로로 향했다. 가는 도중 석유시추기들이 눈에 띄었다. 석유가 전혀 나지 않아 소련과 동유럽 붕괴 뒤 엄청난 경제위기를 맞은 북한과 달리 쿠바는 석유가 생산되기 때문에 에너지 사정이 그나마 낫다. 그러나 쿠바산 석유는 질이 몹시 나빠 오래 사용할 경우 발전기가 고장난다고 한다. 대형 아파트 단지도 눈에 띄었는데 5년 동안 직접 건설에 참여해 노동을 하면 해당 노동자에게 입주권을 주는 방식으로 건설한 아파트 단지라고 한다. 이 아파트는 상속이 되지만 파는 것은 금지돼 있어 국가에만 되팔 수 있다.

지방도로를 달리면서 본 특이한 모습은 군데군데 사람들이 모여 있고 노란 재킷을 입은 사람이 그 속에 끼여 있는 광경이었다. 교통이 나쁘고 지방을 운행하는 정규 노선버스가 없기 때문에 노란 재킷을 입은 교통성 직원들이 지나가는 차를 세워 같은 방향의 사람을 태우게 하는 강제 카풀제가 시행되고 있었다. 사실 아바나에서도 도로 한가운데에 많은 사람들이 서 있는 것을

여러 차례 목격했는데, 이 사람들이 카풀을 기다리던 사람이라는 것을 여행가 이드의 설명을 듣고서야 알 수 있었다.

쿠바의 칸쿤이라고 불리는 바라데로는 쿠바혁명 이전만 해도 미국의 욕구를 배설하는 '미국의 하수구', '미국의 환락식민지'인 옛 쿠바의 위상을 가장 상징적으로 보여준 도시였다. 화약을 팔아 막대한 돈을 번 미국의 화학재벌 듀퐁은 20세기 초 이 지역을 거의 전부 사들여 18홀짜리 사설 골프장이 달린 별장을 지었다. 또 마피아들이 해변에 호텔을 세워 카지노를 운영하고 매매춘 사업을 벌여 알 카포네의 별장이 있었을 정도로 미국 갱의 영향이 강한 곳이었다. 영화 <대부 2>에서 알 파치노가 쿠바의 카지노를 쥐고 있는 플로리다 갱

체 게바라의 유골이 든 관

럼주 증유기

쿠바를 침공한 미군의 노획 전리품

체 게바라의 모습이
담긴 엽서

두목을 만나 사업 문제를 논의하던 곳이 바로 이곳이다.

그러나 혁명 덕분에 바라데로의 옛 모습은 찾아볼 수 없다. 이제 평범한 해양 휴양도시로 변해 여기저기서 호텔을 짓고 있었다. 호텔에 가서 수영복으로 갈아입고 바닷가에 나가자 영화에서만 보았던 맑은 카리브 해의 바닷물이 우리를 맞았다. 간단히 수영을 즐기고 나서 주변 관광에 나섰다. 관광 명소인 듀퐁의 옛 별장에 들어가자 18홀짜리 골프장이 시선을 압도했다. 미국 재벌의 엄청난 부와 쿠바에 대한 미국의 영향력을 실감할 수 있는 풍경이었다. 이제는 국유화돼 쿠바 소녀들이 가톨릭 전통에 따라 성년식을 치르는 장소로 인기를 끌고 있다는 이 별장의 현관에는 듀퐁 시절 만들어놓은 'las Americas'라는 현판이 걸려 있어, 이 집이 오래전 듀퐁의 집이었음을 보여주고 있었다.

마지막 날에는 아바나 혁명박물관을 찾았다. 바티스타 시절 대통령 관저로 쓰이던 곳으로, 영화 <대부 2>와 <아바나>에서 혁명군에 밀려 바티스타가 도주하는 장면에 나오던 건물이다. 박물관 앞에는 '피그 만(Bay of Pig) 침공 사건'(케네디 정권 시절 쿠바 혁명정부를 전복시키기 위해 CIA가 쿠바 난민들을 조직해서 실시한 비밀 군사작전) 때 침공군을 격퇴하기 위해 쿠바 혁명군이 사용한 소련제 탱크가 전시돼 있었다. 참담한 패배로 끝난 이 비밀 군사작전은 미국의 실패한 외교정책의 대표적인 예로 자주 거론되는 사건이다.

체 게바라의 유골이 든 관부터 미군 침공 작전에서 노획한 장비, 체 게바라가 게릴라로 활동할 때 쓴 무기, 럼주 증유기, 바티스타 시절의 고문 도구까지 쿠바혁명에 관련된 다양한 자료들이 아주 인상적이었다. 쿠바혁명 후 혁명정부의 대미유화정책에도 불구하고 미국이 국교 단절을 선언하자 국유화해버린 웨스팅하우스 같은 굴지의 기업 현판들을 떼어다가 진열해 놓았고, 피그만 침공 등 쿠바 혁명정부 타도를 위한 미국의 1960년대 침공 작전에서 노획한 구명정 같은 전리품을 전시하고 있었다.

하지만, 역시 혁명박물관의 하이라이트는 게바라실이었다. 게바라실에는 의사 출신인 게바라가 게릴라 시절 사용한 치과 도구들부터 총기에 이르는 여러 유물이 전시돼 있었는데, 가장 인상적인 것은 게바라의 유골이 든 검은 관이었다. 볼리비아에서 게릴라전을 하다가 1967년 사살된 게바라의 유골을 볼리비아가 얼마 전 쿠바에 보내준 것이다. 검은색 관에 선명하게 쓰인 '체'라는 글씨를 바라보면서 자신이 국적을 넘어 모든 것을 걸고 투쟁한 혁명의 실패—소련의 몰락으로 상징되는—에 대해 게바라가 뭐라고 말할지 궁금했다. 그리고 마치 그 물음에 대한 답을 말해주는 것 같은 특유의 신비스러운 미소가 떠올랐다.

북한과 쿠바, 같지만 다른

북한과 쿠바는 비슷한 점이 많다. 몇 남지 않은 이른바 사회주의 국가이며 보기에 따라 현재 남아 있는 유일한 사회주의 국가다. 베트남과 중국도 사회주의를 자임하고 있지만 이 두 나라에는 자본주의 시장경제가 엄청나게 도입됐기 때문이다. 북한과 쿠바는 작은 국가로 반외세와 자주를 강조해왔고 소련과 동유럽 몰락 뒤 심각한 경제위기를 겪고 있는 점도 비슷하다. 게다가 두 나라를 대표하는 지도자, 즉 김일성 주석과 카스트로 국가평의회 의장이 30년 이상 집권하면서 소련과 동유럽 몰락 이전에는 사회주의와 비동맹 진영에서 원로 대우를 받아왔다는 점도 비슷하다. 그러나 이번 여행에서 두 나라 간에 중요한 차이가 있다는 것을 느꼈다. 바로 쿠바의 유연성이다.

우선 쿠바 어디에서도 카스트로의 동상을 찾아보기 어렵다. 물론 럼주 공장 관광 때 슬쩍 훔쳐본 공장 사무실에는 카스트로의 사진이 걸려 있었다. 그러나 이 사진 역시 권위주의적 초상화가 아니라 자연스러운 일상을 찍은 사진이었다. 아바나 시내에도 호세 마르티의 동상 등 많은 동상이 널려 있지만 카스트로의 동상은 찾아볼 수 없었다. 살아 있을 때부터 거대한 동상을 세워 김 전 주석을 신격화한 북한의 개인숭배가 쿠바에는 없음을 시사해 준다.

서점도 인상적이었다. 존 스튜어트 밀 등 이른바 부르주아 학자라고 할 수 있는 학자들의 고전들부터 정통 마르크스주의에 대해 아주 비판적인 이탈리아의 좌파학자 안토니오 네그리의 최근 저서 등 다양한 책들이 판매되고 있었다. 물론 이 책들은 대부분 스페인에서 출간한 것들이다. 좁은 쿠바 시장에서 이런 책들을 찍으면 수지타산이 맞지 않기 때문에 같은 언어를 쓰는 스페인 책을 수입해 판매하고 있는 것이다. 그리고 쿠바의 낮은 생활수준과 수입 도서의 비싼 가격을 고려할 때 이런 책을 사서 읽을 수 있는 사람은 극소수에 불과할 것이다. 어쨌든 이런 책들이 공공연하게 서점에서 팔리고 있다는 것은 쿠바가 북한과 달리 사상의 자유에 있어서 훨씬 유연하다는 사실을 보여주고 있다.

다양한 선전구호, 포스터 등의 유연성도 주목할 만하다. 주체 필체를 채

독재자 바티스타를 풍자한 캐리커처

택, 천편일률적으로 쓰인 북한의 선전구호와 달리 쿠바의 포스터나 구호들은 스타일이 무척 다양했다. 대표적인 예가 혁명박물관의 거대한 포스터 두 개다. 이 포스터들은 독재자 바티스타와 레이건 전 미국 대통령을 희화적으로 그려 놓은 것인데, 독재자 바티스타의 캐리커처에는 독재를 함으로써 "혁명을 가능하게 해줘 고맙다"라고, 레이건 전 대통령의 그림에는 쿠바 제재를 통해 "혁명을 강화시켜줘 고맙다"라고 써넣어 두 사람을 매섭게 풍자하고 있다.

로널드 레이건 전 미국 대통령을
풍자한 캐리커처

돌아온 애완동물 — 개방의 빛과 그림자

쿠바공항에 도착해 아바나 시내로 향하면서 가장 먼저 살펴 본 것은 거리의 개와 고양이였다. 경제 위기 이후 식량난으로 개와 고양이가 자취를 감췄다는 이야기를 들었기 때문이다. 다행히 사방에 개와 고양이가 보였다.

80년대까지만 해도 쿠바는 기본 욕구를 중시하는 사회주의 정책 덕에 평균적인 삶의 질에서 중남미 최상위에 속하는 나라였다. 특히 유아사망률, 평균수명 등으로 측정되는 의료서비스와 교육은 선진국에 뒤지지 않는 세계 최고 수준을 자랑했다. 교육은 역시 쿠바가 자랑하는 중요한 업적이었다. 그러나 소련과 동유럽 몰락 뒤 쿠바는 심각한 위기에 빠졌다. 과거 소련이 쿠바의 설탕을 비싸게 사주고 싼값에 석유를 파는 방식으로 제공해주던 연 20억 달러의 지원이 끊겼기 때문이다. 식량과 연료를 수입에 의존하는 쿠바는 엄청난 위기를 맞았다. 특히 미국은 이번 기회에 카스트로 정권을 몰락시키겠다며 그동안 실시하던 경제제재를 더욱 강화했다. 외국기업이라도 미국에 자회사를 둔 기업은 쿠바와 거래할 수 없게 하는 법을 제정함으로써 쿠바를 더욱 고립시킨 것이다. 쿠바는 중국에서 자전거 20만 대를 들여오고 아바나의 명물이 된 3백 50인승 초대형 버스(장거리용 대형 트럭에 기차 객차 비슷한 것을 매단 버스)를 개발하는 등 다양한 방식으로 대응했다.

'돌아온 애완동물'이 보여주듯이 쿠바 경제는 이제 북한과 마찬가지로 최저점을 지나 회복세를 보이고 있다. 이런 상황은 다양한 자구 노력도 노력이지만 카스트로가 '비상 시기'를 선언하고 과감한 경제개혁을 단행한 것에 연유한다. 제한적이지만 사영기업을 허용하고 외국투자를 유치하는 한편 관광을 대폭 개방했기 때문이다. 달러를 직접 통화로 사용하는 '경제의 달러화'까지 허용했다. "쿠바혁명의 성과인 주권과 자주, 교육과 의료제도 이외에는 모든 것을 협상할 수 있다"는 것이 카스트로의 입장이다. 특히 관광 부문은 엄청

나게 성장했다. 그리고 미국의 경제제재는 미국 이외에는 별 효과를 거두지 못
해 오히려 외자유치가 늘고 있다.

　　쿠바에 도착해 놀란 것은 쿠바 여행에 환전이 전혀 필요 없다는 점이었
다. 모두 달러로 거래가 되기 때문이다. 택시는 아예 미터기 자체가 달러로 돼
있다. 유럽과 캐나다 관광객이 대부분이고 정작 미국 관광객은 경제제재 때문
에 거의 없는데도 관광용 통화가 달러라는 사실이, 그리고 반미의 기수인 쿠
바가 달러를 공식 통화로 채택하고 있다는 사실이 너무도 역설적이었다. 또
하나 재미있는 사실은 호텔 등에서 모든 신용카드를 받지만 미국에서 발행된
카드는 받지 않는다는 것이다. 경제제재로 결제가 되지 않기 때문이다. 미국

카드만 안 받는 나라, 무척 재미있는 나라다.

　주목할 것은 쿠바에도 한국 기업의 진출이 눈부시다는 점이다. 낡은 일반택시가 아닌 호텔 주변의 고급 관광택시들은 상당수가 그랜저나 엘란트라 등 한국차다. 한 택시기사 말이 자동차를 보면 쿠바의 역사를 알 수 있는데, 아직도 낡은 50년대식 미국 자동차들이 대부분이고(미국에서 수집품으로 엄청난 돈을 받을 수 있는 이 차들을 모두 미국에 가져 간다면 쿠바 경제는 상당히 나아질 것이다), 혁명 이후에는 소련제 자동차들이 늘어났다가 최근에는 한국차들이 늘고 있다는 것이다. 해변 휴양지인 바라데로로 가는 시외 도로에는 다른 곳에는 없는 대형 광고판들이 열 개 정도 서 있는데, 그 중에는 엘지의 광고판도 있다. 또 어느 택시기사는 삼성의 씨디플레이어를 사서 썼는데 10년 동안 써도 고장 한번 안 나고 성능이 좋길래 오랫동안 돈을 모아 삼성 컬러텔레비전을 최근 구입했다며 한국 제품 칭찬에 열을 올렸다.

　그러나 최근의 경제개혁에 밝은 면만 있는 것은 아니다. 우선 달러부문과 일반부문 사이의 격차와 갈등이 문제다. 물론 멕시코를 포함해 제3세계 여행 때 부딪치는 걸인들을 쿠바에서는 보지 못했다. 그러나 일반인들의 한 달 월급이 10달러에서 최고 25달러인 것이 쿠바의 현실이다. 한 살사 댄스클럽에서 만난 영어교사는 자기 월급이 10달러고 의사 월급도 15달러 수준이라고 했다. 앞에서 이야기한 택시기사 역시 20인치 한국산 컬러텔레비전을 사려고 6년 동안이나 저금했다고 불평을 털어놓았다. 쿠바 특유의 낙천적 분위기 덕분에 사람들 얼굴은 상대적으로 밝았지만 좁은 아바나의 골목을 며칠 동안 걸으면서 부딪친 많은 사람들, 그리고 창으로 들여다본 집안 풍경 속에 드러

평화로운
아바나의 일상

쿠바 내무성. 게바라의 초대형 초상이
검은 네온으로 회색 외벽에 설치돼 있다.
밤에는 불이 들어와 무척 아름답다.

나는 보통 사람들의 삶에는 가난이 배어 있었다.

반면에 관광부문에 일하는 사람들은 팁으로 상당한 달러를 벌고 있다.
하다못해 호텔 청소부까지도. 그리고 달러통용 상점에는 없는 물건이 거의 없
을 정도로 많은 상품이 진열돼 있지만 일반인을 상대하는 가게에는 선반이 거
의 비어 있었다. 이런 격차가 쿠바 사회를 균열시키고 있다. 최고의 명문인 아
바나대 졸업생들이 관광 가이드, 심지어 호텔 청소부로 일하는 기형적 현상이
일어나는 것이다. 방에 놓아둔 팁을 받고 청소부가 유창한 영어로 써놓은 감
사편지를 읽으며 씁쓸한 느낌을 지울 수 없었다. 달러경제와 일반경제의 이중
구조가 고학력 호텔 청소부들을 양산하고 있는 것이다.

결국, 쿠바는 경제 회복을 위해 관광산업을 더욱 발전시키고 외자유치를 가속화할 수밖에 없지만, 그럴수록 달러부문과 일반부문의 격차가 벌어지고 개방에 따른 부작용은 커질 수밖에 없다는 것이 현재 쿠바가 안고 있는 근본적인 딜레마다. 호세 마르티, 체 게바라, 카스트로의 투쟁을 통해 쿠바는 오랫동안 꿈꾸어온 것, 강대국의 지배에서 벗어난 자주권을 갖게 됐다. 그러나 경제는 낙후될 수밖에 없었고, 이제 경제위기 극복을 위해 어렵게 획득한 자주를 포기해야 할지도 모르는 딜레마에 빠져 있다. 북한도 마찬가지일 것이다. 쿠바를 떠나면서 약소국이 자주권을 지키며 경제적 풍요를 누리는 것은 불가능한 것인가 하는 의문이 머리를 떠나지 않았다.

쿠바 경제회복은 더욱 가시화됐다. 특히 소련의 원조가 중단되고 공업이 붕괴되면서 농약과 비료가 부족해 불가피하게 유기농 농업을 선택하게 됐다. 쿠바가 유기농 농업의 모델로 변신하고 있는 것이다. 도심 한복판에 조그만 땅이라도 있으면 경작을 해서 아바나 전체 면적의 40퍼센트가 농지로 둔갑하고 있다. 도시농업이 발달하다 보니 쌀, 채소, 과일 등의 상당 부분을 도시에서 자체 생산하고 있다. 뿐만 아니라 주요 교통수단을 자전거로 바꾸고 석유 대신 태양열, 풍력, 수력, 바이오 에너지들을 개발하고 있어서 본의 아니게 아바나가 새로운 생태도시로 변하고 있다.

베네수엘라

Venezuela

NFELIZ DEL MAGISTRADO QUE,

TOR DE LAS CALAMIDADES O DE

CRIMENES DE SU PATRIA, SE VE

ZADO A DEFENDERSE ANTE

RIBUNAL DEL PUEBLO"   *Simón Bolívar*

갑옷을 입고 풍차를 향해 돌진하는 돈키호테. 21세기 돈키호테는 누구일까.
거역할 수 없을 것 같은 신자유주의 흐름에 도전하는 21세기의 반항아는
단연 불리바르혁명의 지휘관 우고 차베스 대통령이다.

MARCHA CONTRA EL MURO

Reconc
ANTON

21세기 돈키호테 — 차베스와 볼리바르혁명

"안녕하세요. 어디서 왔습니까?"

자료로 쓸 사진을 찍으려고 단상이 가까운 회의장 맨 앞줄에 앉아 있던 내게 누군가 말을 걸어왔다. 그동안 신문에서 많이 봤던 베네수엘라 대통령 차베스였다. 경호원들과 함께 바로 옆문으로 들어와 가장 가까이 앉아 있던 내게 먼저 다가온 탓에 인기척을 전혀 못 느꼈던 것이다. 약간 당황했지만 악수를 하면서 자세히 바라보니 대통령이라기보다는 투박하고 순진한 촌사람 같았다. 그런 그가 베네수엘라를 세계의 초점이 되게 하고 미국의 심기를 불편하게 하는 차베스라고 생각하니 믿어지질 않았다.

갑옷을 입고 풍차를 향해 돌진하는 돈키호테. 어느 시대나 대세에 저항하는 돈키호테와 반항아는 존재해왔다. 그렇다면 21세기 돈키호테는 누구일까? 21세기는 신자유주의적 세계화의 시대다. 쉽게 말해, 영국의 대처주의, 미국의 레이건주의처럼 모든 것을 시장에 맡기고 무한경쟁으로 치닫는 시대다. 우리도 1997년 경제위기를 맞은 이후 고통을 당하고 있다. IMF와 김대중 정부는 당시 위기의 원인을 관치경제라고 비판하면서 그 대안으로 신자유주의적 세계화를 전면적으로 도입했다. 색깔론에 시달렸고 서민의 정부를 자처했던 김대중 정부와 노무현 정부가 극우적인 역대 독재정권들보다 사회적 양극화를 더 심화시킨 것이다. 경제 실적으로 보자면 가장 반민중적, 반서민적 정권이 되고 만 것도 바로 이 정책 때문이다. 신자유주의는 무한경쟁을 통해 20대 80의 사회(점점 잘살게 되는 20퍼센트와 점점 못살게 되는 80퍼센트)로 변

모시켰는데 한국에서도 이런 경향이 드러나고 있는 것이다. 사실 한국만이 아니라 사회민주주의라는 유럽의 전통적인 진보 정권들도 '제3의 길' 운운하며 이런 흐름에 순응하느라 여념이 없다. 거역할 수 없을 것 같은 이런 흐름에 도전하고 있는 21세기의 반항아는 단연코 베네수엘라의 '볼리바르혁명'(시몬 볼리바르는 스페인으로부터 남미를 해방시킨 남미해방의 아버지로 베네수엘라 출신이었다. 차베스는 볼리바르를 무척 존경해서 자신이 추진하고 있는 급진적 개혁을 볼리바르혁명이라고 불렀다), 그리고 그 혁명의 지휘관인 우고 차베스 대통령이다.

물론 북한과 쿠바도 대세에 저항하고 있지만, 잔존 사회주의의 수세적 저항에 불과하다. 또 새로운 진보로 주목받으며 집권한 브라질의 노동자당은 경제위기 극복을 위해 우파보다 더 적극적으로 신자유주의 정책을 펴고 있다. 그러나 베네수엘라는 국호까지 시몬 볼리바르의 이름을 따 '베네수엘라볼리바리안공화국'으로 바꾸고 신자유주의적 세계화에 저항하는 볼리바르혁명을 야심차게 추진하고 있다. 특히 기존의 혁명과 달리 민주적 선거의 틀 속에 혁명을 추진하고 있다는 점에서 새로운 모델로 주목받고 있다.

베네수엘라는 다른 남미 국가들처럼 빈부격차가 극심한 나라다. 그래서 부유층이 자녀들을 미인으로 양성하는 데 전력을 투자해 베네수엘라는 세계에서 가장 많은 미스 유니버스를 배출한 나라가 됐다. 또 자신들은 남미인이 아니라 유럽인이라고 생각한다. 이를 보여주려고 럼주나 데킬라 같은 남미 특유의 술은 마시지 않고 스카치위스키만 마시기 때문에 세계에서 1인당 위스키 소비량이 가장 많은 나라다.

베네수엘라 빈민가에 내걸린 차베스의 플래카드

1980년대 초까지만 해도 군사독재에 시달리던 다른 남미 국가들과 달리 베네수엘라는 민주주의를 지켜왔다. 세계 5대 산유국이기 때문에 석유에서 나오는 재원으로 빈곤층에게 일정한 복지를 제공해 사회적 갈등을 완화할 수 있었기 때문이다.

그러나 80년대 후반에 석유값이 떨어지고 경제위기가 남미를 강타했다. 결국, 베네수엘라도 경제를 시장에 맡겨야 한다는 미국과 서방세계의 압력 때문에 미국식의 신자유주의 정책을 수용할 수밖에 없었다. 국영기업은 민영화됐고 식료품 값도 크게 올랐다. 이런 조치는 식료품 값 폭등에 분노한 빈민들

의 폭동으로 이어졌고, 군이 동원된 진압작전으로 수천 명이 목숨을 잃었다. 군이 국민에게 총을 겨눠야 했다는 사실에 분노한 젊은 장교들은 '볼리바르 운동'이라는 비밀결사를 조직했다. 그리고 1992년 진보적인 혁명을 위해 쿠데타를 시도하다 실패한다. 이 운동의 지도자인 차베스는 2년 동안 감옥 생활을 해야 했다. 와신상담한 차베스는 선거에 의해 혁명을 완수해야 한다고 생각했다. 출옥 뒤 전국을 돌며 혁명의 필요성을 연설하며 지지자를 모았고, 1998년 선거에 출마해 대통령에 당선됐다. 볼리바르혁명이 시작된 것이다.

주목할 것은 당선 이후의 과정이다. 차베스 대통령은 신자유주의 세계화라는 불리한 여건에서도 세 차례에 걸친 수구세력의 쿠데타를 분쇄함으로써 '불패의 신화'를 만들어낸다. 또 진보적인 복지프로그램과 교육프로그램을 도입하는 한편 나라 이름을 바꾸고 국민이 직접 참여하는 참여민주주의, 협동조합과 노동자 자주관리 같은 대안적 경제체제를 주요 내용으로 하는 급진적 헌법을 제정했다. 그리고 미국의 아프가니스탄 공격을 침략 행위라고 비판하고 이라크를 방문해 후세인을 만나는 등 거리낌없는 독자노선을 펴나갔다. 그런데 놀고 있는 휴유농지에 대해 농민들에게 경작권을 부여하는 농지법을 포함한 49개의 혁명적인 법안을 신헌법에 보장된 대통령의 권한에 따라 제정하려고 하자 수구세력이 쿠데타를 일으켰다. 미국의 개입과 사전 인지설이 설득력 있게 제기되었던 이 쿠데타 때문에 차베스는 카리브 해의 고도로 유배됐고, 수구세력은 상공회의소 회장을 신임 대통령으로 선출했다. 그러자 차베스를 지지하는 빈민들이 대통령궁으로 몰려왔고 차베스를 지지하는 군도 움직이기 시작했다. 이 과정을 다큐멘터리로 만든 마르셀로 안드라데는 "결국, 민

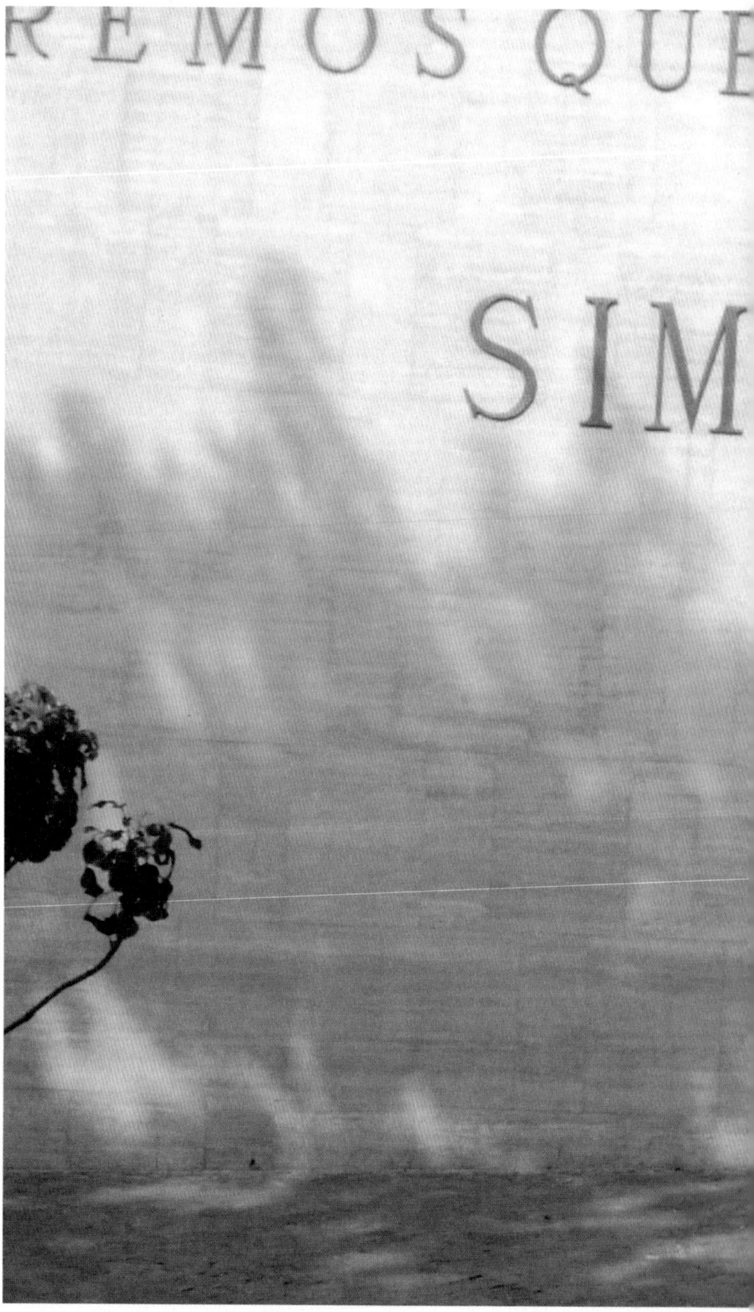
REMOS QUE
SIM

NOS OBEDEZCA.

ON BOLIVAR

AFIRMACION DE FE EN EL FUTURO, POR
EL LIBERTADOR FRENTE A ESTE SITIO
SOBRE ESCOMBROS DEL CONVENTO DE
SAN JACINTO, AL CESAR EL TERREMOTO
DEL 26 DE MARZO DE 1812

중들이 우파의 반혁명에서 차베스 대통령과 볼리바르혁명을 구했다"며 당시의 감격을 잊지 못하고 있었다.

복귀한 차베스 대통령은 친 기업 인사를 경제장관에 임명하는 등 유화책을 폈다. 그러자 자신감을 얻은 수구세력은 2차 쿠데타에 돌입했다. 차베스를 몰아내기 위해 이번에는 군을 동원한 쿠데타 대신에 경제쿠데타를 시도했다. 경제를 완전히 마비시키는 자본 총파업에 들어간 것이다. 석유회사 중역들은 보수적인 노동귀족인 석유노조의 지지를 받아 베네수엘라 경제의 젖줄인 석유의 생산과 배급을 중단했고, 기업가들은 기초 식료품 등 생필품 생산과 보급까지 중단했다. 파업은 무려 두 달 넘게 계속됐지만 정부는 풀뿌리 민중조직들과 연대해 대안적 생산조직과 보급망을 만들어 빈민들에게 생필품을 직접 공급하면서 파업을 이겨냈다. 그 결과 차베스 정권은 석유를 장악하고 있던 수구세력을 몰아내고 '석유'라는 핵심 고지를 장악하게 됐다. 노무현 대통령에 대한 탄핵이 국민적 분노를 불러와 17대 총선에서 여당이 압승한 것처럼 수구세력의 공세가 오히려 전화위복의 기회가 된 것이다. 그리고 차베스 정권은 석유 판매 수입으로 진보적 프로그램들을 더 강력하게 추진했다.

그러나 수구세력의 저항은 끝나지 않았다. 뻔뻔하게도 사태의 최종 해결책이라며 차베스의 신임을 묻는 국민투표를 요구하고 나선 것이다. 제3차 쿠데타라고 불리는 이 소환투표를 특유의 승부사 기질을 발휘해 전격 수용한 차베스는 2004년 8월 국민투표에서 압도적으로 승리했다. 그러자 수구세력과 서방 언론, 그리고 미국은 더이상 차베스에게 시비를 걸 수가 없게 된 것이다. 선거 과정에서 드러난 진보적 담론과 포퓰리즘식 행태, 수구세력의 탄핵

시도 등 차베스는 여러 면에서 노무현 대통령과 닮은 점이 많다. 그러나 집권 뒤 갑자기 변질해 오리발(?)을 내밀며 미국식 신자유주의를 추종하고 있는 노 대통령과 달리 반(反)신자유주의 정책을 강력하게 추진하고 있다.

이렇게 많은 성과를 보여준 차베스가 바로 옆에 나타나 인사를 전하니 가슴이 뛰지 않을 수 없었다. 흥분을 가라앉히는 사이에 차베스는 단상으로 올라갔다. 단상에 올라간 그의 모습은 촌놈 같은 첫인상과는 전혀 달랐다. 어느 혁명가보다도 뜨거운 열정, 어느 지식인에도 뒤지지 않는 지적 능력을 보여준 것이다. 베네수엘라의 수도 카라카스에서 일주일간(2004년 12월 1일~7일) 열린 '인류를 지키기 위한 세계 지식인과 예술가의 만남'이라는 이 회의에는 세계 52개국에서 초청된 4백여 명의 진보적 지식인들과 예술가들이 참석했다. 미국에서는 <리셀 웨폰Lethal Weapon> 시리즈에서 멜 깁슨의 파트너 형사로 나오는 흑인 배우 데니 글로버가 참석해 눈길을 끌었다. 차베스는 이들을 상대로 오후 3시부터 밤 11시까지 장장 8시간 동안 격론을 벌이는 초인적 열정을 보여줬다. 우리는 저녁을 쫄쫄 굶어야 했고, 저녁 9시에 대통령궁에서 열릴 참가자 초청 만찬이 자정에나 열리는 촌극이 벌어지기도 했다.

우선 차베스가 책상에 앉자 한 사병이 낡은 책 한 질을 들고 와 책상 위에 놓았다. 그것은 차베스가 감옥에서 매일 읽고 공부했던 볼리바르의 전집이었다. 차베스가 얼마나 볼리바르를 존경하는지 보여준 것으로 그는 이날 토론 내내 필요할 때면 볼리바르의 글을 찾아 인용하며 이야기를 풀어갔다. 한 번은 자신이 존경하는 카스트로와 함께 행사에 참가했는데 행사가 늦어진 데다가 카스트로가 한번 마이크를 잡으면 안 놓는 체질이라 잘못하다가는 자신이 이야기할 차례가 안 올 것 같아 불안했다고 말문을 열었다. 그런데 카스트로가 자신이 이야기를 길게 하는 나쁜 버릇이 있다며 오늘도 이야기를 길게 하면 돌을 던지라고 말을 하고 이야기를 시작하더라는 것이다. 그런데도 카스트로가 마이크를 놓지 않자 실제로 돌을 들어 카스트로에게 던졌다면서 "여러분도 내가 말이 길어지면 돌을 던지라"고 운을 뗐다. 그러나 차베스 역시 한번 입을 열자 청산유수로 그칠 줄을 몰랐다.

"우리가 해야 하는 것은 단순히 미국 중심의 신자유주의 세계화에서 인류를 보호하는 것이 아니다. 오히려 시장만능의 신자유주의에 대해 공격해야 한다. 디펜스^{Defence}가 아니라 오펜스^{Offence}다."

그는 이번 대회의 명칭(인류를 지키기 위한 ... in Defence of ...)에 디펜스라는 말이 들어간 것을 빗대어 이렇게 지적했다. 또 "이런 주장이 돈키호테처럼 들릴지 모르지만 세계를 둘러보면 공상이 아니라 현실이다. 세계 각지에서 매일 신자유주의에 대한 민중들의 반역과 공세가 진행되고 있다"고 덧붙였다. 민중들이 분연히 일어나 신자유주의자들한테서 자신을 지켜준 베네수엘라가 대표적인 예라는 것이다. "현재 신자유주의는 침몰하고 있고 약점들이 드러나고 있는데, 그 중심인 미국이 최근 무력 사용을 늘리는 것도 바로 이런 위기에서 신자유주의를 지키기 위한 것이다." 그러나 "신자유주의는 세계적인 현상이자 문제이기 때문에 일국적인 해결책은 존재하지 않으며 국제연대를 통해 해결해야 한다. 이번 회의가 이런 국제연대에 크게 기여할 것"이라고 정리했다.

이어 각국에서 온 지식인들과 질의응답을 가졌는데 그는 어느 주제에서건 거침이 없었다. 심지어 "현재 진행되고 있는 세계화는 콜럼버스로부터 시작된 것"이라는 학자도 하기 어려운 주옥같은 말들을 쉬지 않고 털어놓았다.

그중에 가장 명답은 PD^{People's Democracy}, 즉 민중민주주의에 대한 질문이었다. 브라질에서 온 한 사회학자가 민중민주주의에 대해 어떻게 생각하느냐고 묻자 기가 막힌 답을 하는 것이었다.

"민중민주주의란 용어는 잘못된 것입니다. 다시 말해 동어반복인 셈이죠. '민주주의^{Democracy}'란 말이 원래 '데모스^{Demos}', 즉 민중의 지배라는 뜻인데, 왜 민주주의 앞에 또 민중이라는 말이 필요합니까? 민주주의란 원래 민중적인 것이고 민중적이지 않은 민주주의는 민주주의가 아닙니다."

교육을 강조하는 열정도 인상적이었다. 중요한 것은 공장을 짓고 도로를 닦는 것이 아니라 인간을 만드는 것이라고 강조했다. 또 신자유주의 세계화에 대항하는 국제연대에 대해 강한 신념을 보이면서 얼마 전 받은 카다피 인권상 상금 1백 50만 달러를 이런 네트워크 건설 작업에 내놓겠다고 즉석에서 약속하기도 했다.

한마디로 그는 열정만이 아니라 무서운 내공을 지니고 있었다. 군인 출신이기는 하지만 이곳 명문인 시몬볼리바르대학에서 정치학을 공부했고, 쿠데타 실패 뒤 2년 동안 감옥에 있으면서 읽은 많은 책들 덕분이었다.

차베스 대통령은 평소 카스트로를 존경한다고 자주 말해왔다. 그리고 서방 언론에서는 차베스를 카스트로 부류의 독재자로 그리고 있다. 그러나 민주주의를 단순히 선거의 문제로 이해하는 서구의 민주주의 개념을 기준으로 평가해보아도 차베스는 카스트로와 달리 베네수엘라 국민이 선거를 통해 선출한 민주적 지도자다. 또한, 차베스의 프로그램은 극심한 양극화라는 남미

악수를 청하는 차베스

의 현실을 극복하고 신자유주의적 세계화에 대항하려는 다수 국민이 선택한 대안이다. 남미 전문가 마타 하네커는 차베스에 대한 국민의 신임투표 결과를 두고 이렇게 말했다.

"이제 미국을 포함한 어느 누구도 볼리바르혁명의 민주적 성격에 시비를 걸 수 없게 됐다."

문제는 신자유주의와 세계화라는 거대한 세계사적 흐름 속에서 작은 나라 베네수엘라의 실험이 과연 살아남을 수 있냐는 것이다. 차베스는 다양한 진보세력의 세계적 연대를 강조하고 있다. 그리고 다른 제3세계와 달리, 베네수엘라가 가진 장점은 석유, 특히 최근의 고유가다(사실 차베스 대통령은 강경론을 통해 산유국의 고유가 정책을 주도하고 있는 당사자다). 고유가를 통해 확보한 재원으로 교육, 복지 등 진보적 프로그램을 추진하는 것이다. 결국 볼리바르혁명이 안고 있는 위기 요소는 두 가지다. 우선 고유가가 무너지면 심각한 위기를 맞을 것이다. 다른 하나는 2006년 차베스 대통령의 임기가 끝나면서 개헌을 통한 장기집권이냐, 아니면 권력양도를 통한 혁명의 제도화냐 하는 어려운 선택에 부딪힐 것이라는 점이다. 한번 마이크를 잡으면 놓지 않는 그의 기질, 그리고 노무현 대통령의 팬클럽인 노사모와는 비교도 안 될 정도로 물불을 가리지 않는 열성 지지자들의 차베스에 대한 광신적 사랑을 생각할 때 후자보다는 전자 쪽으로 나갈 것 같은 걱정이 머리를 떠나지 않았다.

차베스는 2006년 12월 3일 실시된 대통령선거에서 주요 야당들이 단일후보로 밀었던 우파 후보를 가볍게 누르고 승리했다. 차베스가 고유가로 확보한 석유재정으로 빈민층에 제공해온 복지정책을 감안하면 이들의 절대적 지지는 이미 예상됐던 당연한 결과이다. 문제는 이제부터다.

차베스는 1998년 선거에서 승리하고 나서 2000년 볼리비아 헌법을 내걸고 다시 선거를 치러 6년제 대통령에 당선됐다. 따라서 이번 선거 승리로 차베스는 전체적으로는 3선이고 현행 헌법으로는 재선이 된 것이다. 문제는 현 헌법이 대통령 임기를 연임으로 제한하고 있어 2012년에는 권력을 내주어야 하는데, 차베스는 그동안 이번 선거에서 승리할 경우 임기제한 규정을 철폐하는 개헌을 하겠다고 공언해온 것이다. 따라서 권력이양을 통한 혁명의 제도화가 아니라 장기집권이라는 바람직하지 않은 길로 나아갈 가능성이 매우 커졌다. 안타까운 일이다.

사라진 콜럼버스 동상

"어, 저기에도 볼리바르가 있네."

시몬 볼리바르의 기념관과 박물관을 보고 카라카스 시내를 달리던 중 볼리바르의 대형 초상화가 벽에 그려진 한 아파트가 나타났다. 그림이 좋아서 굳이 차를 돌려달라고 부탁한 뒤 사진을 찍고 외곽으로 나가는 도로에 올랐다. 그러자 얼마 달리지 않아 도로 중앙에 덩그렇게 비어 있는 동상대가 나타난다. 동상은 없고 동상대만 있는 것이다. 사라진 동상은 바로 신대륙을 발견했다는(정확히 말해 '발견'한 것이 아니라 '정복'한) 콜럼버스의 동상이다.

이 동상처럼 볼리바르혁명을 상징적으로 보여 주는 것은 없다. 국민투표에서 차베스 대통령이 승리한 2004년 10월, 베네수엘라의 젊은 활동가 2백여 명이 이곳으로 몰려와 콜럼버스의 동상을 철거해버렸다. 세계를 지배하고 있는 신자유주의를 미국의 새로운 식민주의라고 비판하고 대항하면서도 정작 식민주의의 원조격인 콜럼버스의 동상을 두고 기념한다니 말이 되지 않는다는 것이다. 동상은 사라지고 동상대만 남은 콜럼버스의 동상을 바라보면서 우리 주위에도 신화화되어 잘못 설치된 동상들은 없는지, 곰곰이 생각하지 않을 수 없었다.

베네수엘라의 볼리바르혁명은 차베스 정권의 통제를 넘어 밑에서부터 빠르게 진행되고 있다. 이것은 1980년대 말 식량폭동 이후 활성화된 민중운동의 전통과 풀뿌리 민주주의를 중시하고 지원하는 차베스 정부의 참여민주주의 정책이 결합해 생겨난 현상이다. 차베스 대통령은 "민중에게 권력을 주지

PLAZA VENEZUELA
AUTP. FCO FAJARDO
AV. CASANOVA

사라진 콜럼버스 동상

미션 로빈슨 프로그램을
소개하는 선전물

않는 한 가난을 없앨 수 없다"는 독특한 철학에 따라 소외세력이 자기 자신을 교육하고 조직하도록 지원해왔다. 예를 들어 "교육이 혁명의 정치적 힘"이라며 '미션 로빈슨 Mission Robinson'이라는 프로그램을 통해 문맹퇴치에 나섰다. 이 프로 그램에는 70대 이상의 노인 7만 5천 명을 포함해 인구의 5퍼센트에 이르는 1백 40만 명이 참여하고 있다.

또 차베스 대통령은 가난하고 못 배운 소외계층에게 7명에서 10명 단위로 '볼리바르 서클'이라는 소모임을 만들어 함께 새 헌법을 공부하고 공동체와 사회의 문제점을 논의하라고 권했다. 지난 국민투표 때는 주민 참여를 돕기 위해 다양한 주민 조직들이 이동식 사진관을 운영해 3만 명의 빈민들에게 투표에 필요한 증명서를 발급해줬다고 한다. "대중의 참여가 혁명의 동력이며 대중의 참여가 없다면 볼리바르혁명은 좌초할 수밖에 없다"는 것이 차베스의 철학이다. 사실 차베스 대통령이 직접 참가한 '인류를 지키기 위한 세계 지식인과 예술가의 만남'에서도 볼리바르의 전집을 뒤져서 "나는 혁명이라는 허리케인 속의 잎사귀 하나에 불과하다"는 시몬 볼리바르의 시를 찾아 인용한 다음 "나는 민중이라는 허리케인 속의 잎사귀 하나에 불과하다"며 민중의 중요성을 강조했다.

그 결과 다양한 풀뿌리 민주주의 조직이 지역 공동체, 노동 현장, 농촌에서 생겨나 활발히 움직이고 있다. 한 예로 차베스를 물러나게 하려던 수구 기업가의 파업에 동참했던 노동귀족 노조에 대항해 민주적 노조가 생겨난 것을 들 수 있다. 또 시장 점유율이 40퍼센트에 이르는 주요 제지회사인 베네팔에서는 경영진이 총파업에 나서자 노동자들이 공장을 접수하고 스스로 생산을 재개해 생산성 기록을 경신하는 성과를 거뒀다. 그 뒤 회사가 경영상 어려움을 이유로 폐업을 선언하고 해외매각 등을 모색하자 노동자들이 다시 공장을 접수했다. 그리고 정부 측에 노동자 자주관리를 조건으로 국유화 요구 투쟁을 벌이고 있다.

이런 현장을 보기 위해 현지 활동가의 안내를 받아 찾아간 곳이 카라카스의 대표적인 달동네 베가 지역. 볼리바르혁명 과정을 다큐멘터리로 만든 마르셀로 안드라데가 2004년 가을 서울노동영화제에 초청되어 한국을 방문했는데, 이때의 인연으로 기꺼이 안내를 자청해주었다. 안드라데와 한 시장통에서 한참을 기다리자 레게머리를 한 잘생긴 아프리카계 청년이 나타났다. 프란시스코 페레스라는 이 청년은 안드라데의 친구이자 베가 지역 주민이었기 때문에 자기 동네를 안내해주려고 산 아래로 내려온 것이다. 베가 지역은 원래 전기와 수도도 안 들어오던 곳이었는데, 수도국장과 전기국장을 납치하고 감금까지 하고 나서야 수도와 전기를 공급받게 됐다고 한다. 마을버스를 타고 올라간 달동네는 의외로 평화로웠다. 범죄와 폭력으로 경찰조차 접근하지 못해 살벌하기 짝이 없었던 브라질 리우의 빈민가와는 아주 대조적이었다. 그는 먼저 자본의 총파업에 대항해 서민들에게 식료품을 제공하려고 만들었다는 대안 슈퍼마켓으로 데리고 갔다. 가게에 들어서자 그다지 많지 않은 품목의 식료품들이 눈에 들어왔다. "기업가들의 총파업에 대항해 만든 만큼 모두 중소기업 제품이고 원료도 외국에서 수입한 것"이라고 매니저인 타냐 루이스가 설명했다. 특히 각 제품의 포장에 볼리바르 헌법이 인쇄된 것이 인상적이었다. 이런 대안 슈퍼마켓이 카라카스에 40개 정도 있고 조금 작은 상점은 5백 개쯤

된다고 한다. 타냐는 대안 슈퍼마켓이 없었다면 식량난 때문에 수구세력의 반혁명 총파업이 성공할 수도 있었다며 무척 자랑스러워했다.

다음에 들른 곳은 대안 방송국, 대안 학교, 무료급식소가 설치된 일종의 커뮤니티 종합센터. 국제연대 차원에서 쿠바 의사들이 무료 봉사활동을 하고 있다는 대안 병원에 들른 뒤 종합센터에 도착했다. 이 종합센터는 지역 활동가인 페레스의 집을 통째로 활용한 것이었다. 1층 식당에서는 어린이들이 모여 무료 급식으로 나온 스파게티를 먹고 있었다. 그래서 우리도 함께 식사를 한 뒤, 국제연대 차원에서 무료 급식에 보태라고 1백 달러를 주고 나왔다. 2층에 올라가자 방송실과, 그런대로 책상과 걸상을 갖춘 미니 학교가 나타났다. 거기에는 나이 든 할머니들이 공부하고 있었는데, 바로 이것이 차베스가 자랑하는 '미션 로빈슨' 프로그램이다. 학교에 다니느라고 생활에 지장이 있을까봐 정부가 한 달에 1백 달러씩 생활비를 지원해준다고 한다.

이곳에서 만난 젊은 활동가들은 차베스 정부에 대해서도 비판적이었다. 콜럼버스 동상을 무너뜨린 것과 관련해 자신들의 동지 한 사람이 아직 감옥에 갇혀 있고, 농지법 통과 뒤 법에 따라 노는 농지에 경작을 하러 들어갔다가 대지주에게 살해된 농민들이 90명이 넘는데도 아직 구속된 지주는 한 명도 없었기 때문이다. 그들은 회의에서 차베스에게 콜럼버스 동상 철거 관련자 석방을 요구해 달라고 신신당부를 했다(부탁을 들어주려고 기회를 엿봤으나 차베스에게 질문을 하려는 참가자들이 너무 많아 미안하게도 부탁을 들어주지 못했다). 안드라데는 "혁명을 만드는 것은 정부가 아니라 민중이다. 다만, 정부는 중요한 동맹세력일 수 있고, 미션 로빈슨처럼 정부가 제공하는 프로그램은 좀더 진보적인 민중주체 사회를 만들어 나갈 수 있도록 조직적 공간을 제공해준다"고 말했다. 그러자 옆에 있던 페레스도 "정부를 이용하되 정부에 포섭되지 않는 것이 중요하므로 항상 정부와 건강한 긴장이 필요하다"고 덧붙였다. 그리고 한국은 노동운동, 농민운동, 학생운동이 놀라울 정도로 발달해 있으면서도 정작 커뮤니티(지역공동체)운동은 발달하지 않은 것 같다고 이야기했다.

소련과 동유럽 몰락 이후 혁명과 민중을 이야기하지 않는 시대에 혁명과 민중의 이야기가 만발하는 베네수엘라는 분명히 주목할 필요가 있다.

최근에도 차베스의 반미, 반세계화 노선은 계속되고 있다. 우선 미국은 2005년 11월, 4차 미주정상회담을 열어 미주의 33개국이 미주자유무역지대(FTAA)를 만드는 안을 제의했다. 그러자 차베스는 회담 시작 전부터 "중남미는 미국의 식민지가 되기를 원치 않는다"며 "FTAA를 매장시켜버리겠다"고 큰소리를 쳤고 결국, 차베스의 주도에 의해 베네수엘라, 브라질, 아르헨티나, 우루과이, 파라과이 등 5개국이 반대함으로써 FTAA는 실패하고 말았다.

특히 차베스의 반미 행각을 자극하고 있는 것은 중국이다. 중국이 경제대국으로 부상하면서 여러 자원이 필요하자 자원이 풍부한 남미 진출을 시도했고, 미국을 견제할 중국이라는 우군이 생긴 것이다. 주로 미국에 석유를 수출해온 베네수엘라가 중국에 석유 수출을 대폭 늘려 중국 전체 소비량의

20퍼센트를 공급해주겠다고 약속했고, 베네수엘라 최초의 통신위성 시몬 볼리바르 호의 설계, 제조, 발사를 중국에 의뢰했다. 그뿐 아니라 80년대 미국은 베네수엘라에 F-16 전투기를 24대 수출했는데 차베스 집권 후 관계가 나빠지자 부품 공급을 중단했다. 그러자 2005년 11월 차베스는 미국이 부품 제공에 대한 협정을 위반했고, 사용이 어렵게 된 만큼 F-16 전투기를 중국이나 쿠바에 팔겠다는 폭탄선언을 했다. 이럴 경우 미국 첨단전투기의 비밀이 고스란히 중국으로 넘어가기 때문에 미국은 골머리를 앓게 된 것이다. 게다가 볼리비아에서도 미국 기업들이 독점하고 있는 가스산업 등을 국유화하겠다고 공언한 인디오 출신의 좌파운동가인 에보 모랄레스(사회주의를 위한 운동 MAS 총재)가 대통령에 당선되고, 페루와 멕시코에서도 근소한 차이로 패배했지만 좌파 후보(오얀타 우말라와 로페스 오브라도르)가 대통령 선거에서 선전하는 등 차베스 전염 효과가 라틴 아메리카 지역에서 광범위하게 나타나고 있다.

대안 매체를 향해

베네수엘라의 볼리바르혁명에서 주목할 만한 것 중 하나가 대안 매체 운동이다. 베네수엘라는 수구적인 기업가들과 기득권세력이 방송과 신문 등 미디어의 90퍼센트 이상을 장악하고 있는 나라로, 이 미디어들은 세 차례에 걸친 반차베스 쿠데타에 결정적인 역할을 했다. 특히 차베스 정권의 일시적인 몰락을 가져온 2002년 쿠데타에서 정부가 시위를 하는 반차베스 데모대에게 충격을

주민방송을 운영하는
프란시스코 페레스

자본의 파업에 대항해서 만든 대안 슈퍼마켓

가해 많은 사람이 죽고 다쳤다는 허위 보도를 하며 노골적인 반차베스 캠페인을 벌였다.

　　이런 주류언론에 대항해 차베스 지지세력들은 해적 라디오와 웹사이트, 전단, 오토바이 메신저, 이동전화 문자서비스 등으로 국민을 거리로 몰고 나와 반혁명을 분쇄하는 데 결정적인 역할을 했다. 조중동(조선, 중앙, 동아일보)에 대항해 여중생 추모 촛불시위를 벌이고 대통령 선거에서 인터넷이 결정적인 역할을 했던 한국의 상황과 비슷하다. 어쨌든 이런 대안 매체에 힘입어 권좌로 돌아온 차베스 대통령은 국영 매체를 대폭 강화했다. 그러나 이것과

는 별개로 자율적인 공적 커뮤니케이션 시스템을 건설하기 위해 전국의 2백 50개 대안 라디오, 텔레비전, 신문, 영상집단 등이 모여 '공동체, 해방, 대안 매체 전국연합'이라는 조직을 결성했다.

"국영 미디어도 중요하지만 위가 아니라 아래에서 나오고 제작부터 보급에 이르기까지 자급적인 민중 방송 모델이 더 중요하다." 베가의 주민이자 FM방송 '라디오 엑티바 드라 베가'를 운영하는 프란시스코 페레스의 설명이다. 페레스는 실험 모델인 달동네 단칸방 라디오 방송국을 보여줬다. 아담하

지만 특이했고, 동네 방송인데 FM이라니 무척 부러운 시설이었다. 하지만 그는 "차베스 정권이 커뮤니케이션의 권리를 헌법에 새롭게 규정하고 상당한 예산을 공동체 미디어 지원에 할당했지만 관료주의 때문에 한 해가 다 가도록 예산의 5분의 1도 집행하지 못하고 있다"고 비판했다.

차베스 정권과 베네수엘라 민중운동이 대안 매체로 신경을 쓰는 것은 인터넷이었다. 페레스는 "ANMCLA는 정보화에 따라 생겨나는 계층 간 디지털 격차 Digital Divide를 해소하기 위해 빈곤층, 그 중에서도 청소년들이 인터넷에 쉽게 접근할 수 있도록 노력하고 있다"면서 지역 주민들을 위해 짓고 있는 공동체 인터넷 회관으로 안내했다. 빈민을 위한 공동체 인터넷 회관도 인상적이었지만 특이한 것은 이동식 인터넷 회관이었다. 회관 공사장 앞에는 우리나라의 헌혈차와 비슷한 근사한 버스 한 대가 있고 아이들이 그 앞에 줄을 서 있었는데, 빈민촌 아이들을 위해 정부가 주기적으로 보내주는 인터넷 버스였다. 이 버스는 유선케이블이 아니라 위성으로 인터넷을 연결하는 첨단시설을 갖추고 있어, 인터넷이 들어오지 않는 달동네에서도 자유롭게 인터넷을 이용할 수 있도록 하고 있다.

베가 지역 시찰을 마치고 내려오면서 살벌하기 짝이 없는 브라질(리우) 빈민가와 가난하지만 따뜻한 정과 새로운 사회에 대한 열정이 흘러넘치는 베네수엘라 빈민가의 차이를 다시 한번 곰곰이 생각해보았다.

달동네 답사를 마치고 돌아온 곳은 숙소인 카라카스 힐튼호텔. 국외여행 때
힐튼호텔처럼 좋은 호텔에 묵어본 적이 없어 조금 어색했다. 이 호텔은 국제
체인인 힐튼과 베네수엘라 정부가 공동으로 소유하고 있는데, 정부행사를
주로 이곳에서 해 적자가 많이 나자 힐튼이 운영을 포기하고 카라카스에
단독 소유의 또 다른 힐튼을 운영하고 있다고 한다. 어쨌든 차베스 정부의
문화성이 이번 행사를 주관한 덕에 좋은 호텔에 묵게 됐는데 이런 것에 익숙지
않아 왠지 찜찜했다.

도착해서 내 사진이 들어간 비표를 받았다. 그러자 카메라를 들고 기다리던
국영 방송국 취재팀이 다가와 '신자유주의에 대항해 싸우기 위해 우리는
무엇을 해야 하느냐' 등 준비된 질문 몇 개를 영어로 물어보더니
내가 대답하는 모습을 촬영했다. 그런데 촬영기사가 다가와 내 비표에
동그랗고 하얀 스티커를 붙이는 것이다. 인터뷰를 마쳤다는 표시였다. 로비에
있다가 참가자들이 지나가면 인터뷰 안 한 사람을 고르려고 고안한 장치였다.
모든 참가자들의 인터뷰를 촬영하겠다는 것인데, '관제 회의'에 온 '밥값'이려니
하면서도 그런 관료적 발상에 기분이 썩 좋지 않았다.

서울노동영화제에서 만난 마르셀로 안드라데 덕분에 대표적인 빈민가인
베가를 방문해 볼리바르혁명의 여러 면을 직접 보고 느낄 수 있었지만 사실
그날 문맹퇴치 프로그램, 공장점거운동 등 혁명의 현장을 보여주는
프로그램을 주최 측이 준비했는데 어이없게도 놓치고 말았다. 나누어 준
프로그램을 보니 이날 'Mission'을 전세차로 방문한다며 'Robinson' 등
여러 이름이 쓰여 있었는데, 선택 프로그램이라고 적혀 있고 별다른 설명이
없었다. 'Mission'이 라틴아메리카 관광에서 많이 보게 되는 교회(성당) 유적지

방문일 것으로 지레짐작한 나는 프로그램에서 빠지기로 하고 빈민가를
방문한 것이다.

그런데 다음 날 미국 친구에게 미션 구경 어땠냐고 물으니 성당이나 교회가
아니라 쿠바 의사들이 와 있는 빈민촌 병원과 문맹퇴치를 위한 학교에
다녀왔다는 것이다. 유적지 관광 아니었냐고 되묻자 군인 출신 대통령답게
문맹퇴치 프로그램을 'Mission Robinson'이라고 부르는 등

혁명 프로그램들에 군대 작전처럼 '무슨 무슨 미션'이라는 이름을 붙인다고
설명해줬다. 그날 프로그램은 혁명 프로그램 현장 시찰이었던 것이다.
그 난감함이란……. 식자우환(識字憂患)이라고 했던가. 영어 좀 안다고
지레짐작하고 주최 측도 다른 설명 없이 달랑 그렇게 써 놓아 완전히 바보가
된 것이다. 다행히 안드라데의 안내를 받아 이 프로그램들을 봐놓았으니
망정이지, 그렇지 않았다면 두고두고 땅을 칠 일이었다.

이틀 동안 이어진 분과토론에서는 분과별로 선정한 주제를 중심으로 토의를
했다. 나는 신자유주의가 한국 사회에 끼친 부정적 영향을 이야기했는데
모두 관심을 갖고 경청했다. 마지막 날은 각 분과의 토론요약 보고가 있었다.
평화군축 분야 보고를 들으니 이라크전쟁 비판이 대부분이었고, 북한 핵
문제에 대한 이야기는 없었다. 그래서 발언권을 얻어 북한 핵 문제의
평화적 해결을 촉구하는 내용을 추가해 달라고 요청했다. 그러나 자기들
패널에서 그 문제가 논의된 게 아니므로 그럴 수 없다고 했다.
그렇다면 마지막으로 채택해 발표할 '카라카스 호소문'에 이 문제를 넣어
달라고 요청했다. 사회자는 알겠다고 했지만 나중에 확인해보니
북한 핵 문제는 결국 빠져 있었다.

사실 참석자 대다수가 아메리카 대륙에서 왔고(4백여 명의 참가자 중
아시아에서 온 사람은 한국의 나, 필리핀 한 명, 인도 네 명 정도였다.
특히 라틴아메리카 쪽이 주도권을 쥐는 행사에서 한국 같은 아시아의
문제에는 별 관심이 없어 보였다. 또 베네수엘라의 한 원로 사회학자가 문제를
제기했듯이 사실 이 회의가 세계의 진보적 지식인들이 모인 자리고, 2005년
2월에 포르투알레그레에서 세계사회포럼이 열릴 텐데 아무도

이 점에 대해 이야기하거나 세계사회포럼과 연계시키려고 하지 않는 게
이상했다. 그리고 나에 대해 묻는 참석자들에게 민교협 공동의장,
민중연대 공동의장이라는 명함을 보여주자 고개를 갸우뚱거렸다. 그러다가
KoPA(WTO반대 국민행동) 공동대표라고 하자 그제야 반가움과 존경심을
표하는 것이었다. 국제연대에서 KoPA가 다른 한국의 민중조직보다 한 발
앞서 있다는 뜻이다. 다른 조직들도 국제연대에 좀더 신경을 써야겠다는
생각이 들었다.

Brazil

브라질

마나우스

상벨도르

이과수 폭포
리우데자네이루
상파울루

포르투알레그레

"No Action, Talk Only" 룰라는 승리하기 위해 파우스트처럼 월스트리트에
영혼을 팔아야 했고, 그 덕으로 승리했을 땐 이미 이빨이 모두 빠진 종이호랑이로
전락하고 말았다.

리우와 삼바의 슬픔

누가 뭐라 해도 남미의 하이라이트는 단연 브라질이다. 남미 최대를 자랑하는 방대한 자연도 자연이지만 1억 6천만 명에 달하는 인구는 남미 어느 나라와도 비교가 되지 않는다. 포르투갈의 식민지였다는 역사 때문에 라틴아메리카에서 유일하게 포르투갈어를 쓰지만 그 인구가 스페인어를 쓰는 남미 인구를 합친 것에 크게 뒤지지 않기 때문에 남미에서 브라질의 영향력은 타의 추종을 불허한다. 칠레, 아르헨티나, 브라질로 이어지는 한 달 이상의 강행군 속에서 브라질은 마지막 행선지이기도 했지만 함께 여행했던 남미 전문가 이성형 교수(이교수는 칠레만 여정을 함께 했다), 그리고 아르헨티나까지 여정을 함께 했던 친구와 헤어져 혼자 여행을 하게 되자 긴장이 됐다. 특히 브라질은 총기소유가 자유롭고 치안이 좋지 않은 나라라 더욱 걱정이 됐다.

　　부에노스아이레스를 떠나 브라질의 리우데자네이루로 가는 야간비행기 안에서 남미의 역사, 특히 브라질의 역사에 대해 곰곰이 생각해봤다. 남미 국가들은 미국 독립의 영향으로 19세기 초 대부분 독립을 했지만 말이 독립이지 원주민들은 노예나 이등시민으로 남아 있고, 모국에 대항한 현지 백인 엘리트들이 자치를 선언한 것에 불과했다. 한 평론가의 평을 빌리면 독립이 아니라 '분가'에 가깝다. 이같은 한계를 가장 잘 보여주는 것이 브라질이다. 포르투갈의 돈 후안 황제는 나폴레옹 전쟁이 일어나 프랑스가 침공하자 브라질로 천도했다. 이후 나폴레옹이 패하자 돈 후안은 아들 페드로를 총독으로 임명하고 포르투갈로 돌아갔는데, 이 아들이 독립을 선언하고 브라질 황제에 취임해버린 것이다.

브라질은 방대한 영토를 가진 나라답게 지방분권과 분업이 잘 되어 있다. 50년대 말, 수도를 리우에서 내륙지방으로 옮긴다는 방침 아래 철저한 계획을 세워 야심차게 건설했지만 '근대 계획정신의 실패작'으로 불리는 브라질리아가 정치적 수도라면, 경제적 수도는 "상파울루가 일해 나머지 브라질이 놀며 산다"는 상파울루고, 관광과 휴양의 수도는 브라질의 대표도시 리우데자네이루이다.

처음 이곳을 발견한 당시가 1월이었고 그 모양이 바다가 아니라 강처럼 생겨 '1월의 강'이라는 이름을 갖게 된 리우는 삼바 카니발로 유명하다. 또한 카니발 못지않게 아름다운 항구로도 이름이 났는데 나폴리, 시드니와 함께 세계 3대 미항으로 손꼽힐 정도이다. 아름다운 바다와 코카카바나를 비롯한 은빛 모래사장도 훌륭하지만, 빵 모양을 닮아 빵산으로 불리는 거대한 돌산을 비롯해 예수 동산으로 유명한 코르코바도 산 등 산과 바다가 조화를 이루고 있는 아름답기 짝이 없는 도시이다.

코르코바도 산, 그리고 빵산에 올라가 리우를 내려다보자 왜 브라질 사람들이 "하느님이 지구를 일주일 만에 만들었는데 그 중 이틀을 리우를 만드는 데 사용했다"고 큰소리를 치는지 이해할 수 있게 됐다. 그뿐 아니라 브라질은 세계 담수의 3분의 1, 세계 산소 생산량의 3분의 1을 차지할 정도로 풍부한 수자원과 열대림, 비옥하고 방대한 땅, 다이아몬드까지 다양하고 풍부한 지하자원을 갖고 있다. 더불어 지진, 태풍 등 천재지변이 전혀 없는, 정말 축복받은 땅이다. 게다가 인구까지 엄청나 그 잠재력은 무한하기만 하다.

그러나 이같은 자연 축복 뒤에는 슬픈 역사와 역설이 숨어 있다. 5백만 명에 이르던 원주민이 유럽의 정복 당시 노예사냥 때문에 겨우 20만 명으로 줄어든 것은 그렇다 치더라도 브라질은 남미에서도 가장 많은 아프리카 노예들을 데려다 혹사시킨 곳이다. 리우의 아름다운 플레밍고 비치만 해도 원래 산이었는데 돈 후안이 그곳에 살고 싶다는 이유로 노예들을 동원해 산을 깎아 평지로 만들고 모래를 덮은 것이다. 리우의 상징이 되어버린 예수상이 있는 코르코바도 역시 커피 재배로 인해 토질이 나빠지자 노예들을 채찍으로 때려가며 벌거벗은 산에 일일이 나무를 심게 한 세계 최대의 인공 공원이다. 브라질의 역사를 보고 있자니 커피의 색깔이 짙은 흑갈색인 건 흑인 노예들의 땀과 눈물이 들어갔기 때문이 아닐까 하는 생각마저 들었다.

슬픔과 역설은 지금도 지속되고 있다. 원래 남미가 극심한 사회적 불평등으로 악명이 높지만 그중에서도 브라질은 더욱 심각하다. 세계 제일의 해변 별장 바로 뒤에는 약 26만 명이 거주해 단일 규모로 남미 최대를 자랑하는 악명 높은 판자촌 파벨라다화시냐가 있다. 경찰이 수차례 진입을 시도했다가 실패할 정도로 무법천지인 이곳은 마약조직 두목이 지배하고 있는데 몇 년 전 마이클 잭슨이 뮤직 비디오를 찍은 뒤 갑자기 유명해져 관광 코스가 개발됐다고 한다. 3시간 구경에 50달러라는 적지 않은 돈을 받는 데다가 사방에 위험이 도사리고 있어 겁이 났지만 금단 지역을 구경할 수 있다는 호기심에 관광을 하기로 했다(잘은 모르지만 내가 이 판자촌에 직접 들어가 구경한 최초의 한국인일 것이다).

4륜 구동 지프를 타고 판자촌으로 들어가는데 운전기사는 마약조직 두

빵산과 리우

아름다운 플레밍고 비치

리우의 상징인 예수상

판자촌에서 바라본 리우의 풍경

목에게 상당액을 통행료로 내면서 판자촌 관광 허가를 받고 있다고 설명해줬다. 판자촌으로 들어가자 각종 가게와 미장원 등 없는 것이 없는 또 하나의 세상이 나타났다. 차를 타고 판자촌을 구경하다가 다시 마약조직 두목에게 전화를 했다. 그리고는 허가가 내려졌다고 내리라고 한다. 판자집 내부를 구경시켜 준다는 것인데 좁은 골목을 올라가 마약조직 두목이 지시해준 한 판

잣집에 들어가 집을 구경하고 옥상에 올랐다. 옥상에서는 끝없이 펼쳐진 판자촌과 아름다운 바다, 바다를 전망으로 세워진 고급 아파트들이 한눈에 들어왔다. 그 장면처럼 양극화된 브라질 사회를 잘 보여주는 것은 없을 것이다.

브라질 양극화의 주된 이유는 12퍼센트에 이르는 높은 문맹률이다. 이웃 아르헨티나의 4배에 달하는 수치이며, 일부 극빈지역의 문맹률은 70퍼센트에 이른다. 남미의 많은 국가들은 교육이 피지배 세력의 임금과 불만을 높인다는 이유로 우민정책을 펴왔다. 브라질은 그중에서도 극단적인 예이다. 여러 남미 국가들이 고등교육에 많은 예산을 배정하여 대학교육이 무료이고 외국 유학도 국비로 보내준다. 무척 좋게 들리지만 문제는 초등교육에 대한 지원은 약하다는 사실이다. 즉 서민들이 혜택 받을 초등교육은 지원을 거의 안해 우민화시키는 대신 중상층 엘리트들에 대해서 대학교육을 무료 지원함으로써 교육을 사회적 균등화가 아니라 불평등의 영속화 수단으로 만들고 있는 것이다. 이같은 우민화 정책에 당장 생계를 위해 돈을 벌어야 하는 열악한 생활환경까지 더해져 브라질은 부끄러운 문맹률을 기록하고 있다. 삼바 축제는 세계적인 관광 상품이고 귀중한 브라질 아프리카계의 문화유산이다. 하지만 원래 삼바축제는 일 년에 한 번씩 노예들에게 카타르시스를 느낄 수 있는 기회를 제공함으로써 체제를 유지하기 위한 통치술에서 비롯됐다. 사실 지금도 그런 우민화 기능을 하고 있다는 것을 부인할 수는 없다. 브라질이 자랑하는 축구도 마찬가지다. 축구가 가난한 어린이들에게 신분 상승 기회, 그리고 이에 대한 환상을 제공해주고 있는 것이다.

카르도소와 김대중

1970년대의 중요한 특징은 한국, 브라질과 같은 신흥공업국의 등장이다. 그리고 이같은 신흥공업국의 등장은 종속=정체라는 종속이론을 위기로 몰고

갔다. 이 종속이론을 현대화하여 구출한 사람이 브라질의 종속이론가 카르도소이다. 브라질이 '브라질의 기적'이라고 불리며 각광을 받고 있던 1970년대에 카르도소는 브라질같은 신흥공업국은 여전히 미국에 종속되어 있다고 주장했다. 또 브라질의 기적은 미국의 다국적 기업이 남미 시장 정복을 위해 현지 법인을 만들어 이룬 종속적 발전에 불과하다는 주장을 펼쳤다. 즉 종속적 발전론을 제시해 세계적인 학자가 된 것이다. 그의 책은 80년대 유학 시절 열심히 읽었고 한국에도 크게 소개됐다. 급진적 견해 때문에 군사정권을 피해 망명을 가야 했던 그는 내가 브라질을 방문한 2001년, 브라질의 대통령이 되어 외국자본 유치에 힘쓰며 레이건류의 보수적 경

브라질의 미래는
어디로 가는 걸까

제정책을 펴고 있었다(그는 군사독재 시절 반독재 민주화투쟁을 했고 진보적 노동운동의 총사령관 룰라와 절친한 사이였다. 그런데 이후 룰라는 PT당, 즉 노동자당을 만들어서 1994년과 98년 대통령 선거에서 카르도소와 부딪쳤고 패배했다). 이 점에서 그는 진보적 이미지와 달리 집권 후 레이건, 대처 부류의 친미적이고 보수적인 경제정책을 폈던 김대중 전 대통령과 비슷한 점이 많다.

카르도소 대통령은 2001년 한국을 방문해 김대중 대통령과 정상회담을 가졌고 이즈음에 브라질 텔레비전은 대대적으로 한국 특집을 방영했다. 그리고 양국 정상은 양국 간에 비자 면제 협정을 맺기로 합의함으로써 까다롭기로 유명한 브라질 비자를 받기 위한 곤욕을 덜게 됐다. 그러나 비자 면제 협정 후 너도나도 브라질로 날아와 불법체류를 일삼는 바람에 어렵게 쌓아놓은 한인 커뮤니티의 위상을 실추시키는 것이 아니냐는 불안도 적지 않다.

브라질의 중요한 특징은 다른 남미 국가들과 달리 한국 자동차가 맥을 못 쓰고 있다는 사실이다. 70년대 선진국의 자동차 회사들이 방대한 브라질 시장을 겨냥해 현지에 자회사를 세워 자동차를 생산하자(이것은 90년대 한국의 진보학계에서 논쟁이 된 독점강화/종속심화 테제의 내용으로 우리와 전혀 다른 유형이다) 수입차에 높은 관세를 부과하고 있기 때문이다. 예외적으로 기아 상용차의 경우 폭발적 인기를 누리고 있고 관광사에서는 기아의 베스타가 없으면 관광사로 대접을 받지 못할 정도다. 이런 인기에 힘입어 기아가 현지 공장 설립을 약속했다가 부도사태로 약속을 어겨 거액의 벌금을 물게 되자 김 대통령이 직접 나서서 감면을 부탁하기도 했다. 그러나 핸드폰 같은 전자제품은 한국 제품이 인기가 많아 삼성과 엘지가 아마조나스 주의 수도인 마나우스에 공장을 지어 제품을 생산 중이다. 특히 삼성의 경우 중졸 이상을 뽑는 다른 제조업체들과 달리 고졸 이상을 뽑아 상대적으로 좋은 대우를 해준다. 그래서 아마존에 삼성 입사를 위한 고등학교 진학 열풍이 불고 있다고 한다.

브라질의 한인들, 그리고 라틴적 삶

브라질이 남미 최대의 국가이듯이 브라질의 한인 커뮤니티도 남미 최대 규모다. 1960년대에 이곳에 정착하기 시작한 한인들은 남미 최대 규모의 커뮤니티를 형성했고, 다른 남미 지역과 마찬가지로 브라질 의류산업을 장악하고 있다. 97년 경제위기 이후 없어졌지만 그전까지만 해도 남미에서 유일하게 대한항공이 취항했던 나라가 브라질이다.

　브라질에서도 한인들이 많이 모여 있는 곳은 브라질 경제의 중심지인 상파울루. 상파울루 중심가에서 약간 남쪽으로 떨어진 거리가 한인 옷가게들이 모여 있는 지역으로 약 1천 5백 개의 상점들이 자리잡고 있다. 그러나 이렇게 상점들은 집중돼 있는 반면 한인을 상대로 하는 한인타운은 아르헨티나와 달리 뚜렷하게 자리잡고 있지는 않다. 브라질 한인들은 이민 초기에 길을 몰라 물건을 팔러 들어가는 길에 분필로 표시를 하고 들어가는가 하면, 물건을 팔러 들어간 부인이 빨리 나오지 않으면 딴 짓을 한 것이 아니냐고 부부싸움을 하기도 했다. 하지만 어려움을 겪으면서도 성장해 이제는 대부분 남부럽지 않은 사업체를 차리고 자리를 잡았다.

상파울루의 한인 타운

    브라질은 여러 면에서 한국과 정반대 나라다. 한국의 정반대인 남반구에 위치해 계절도 정반대이며 한국이 낮 12시면 브라질은 밤 12시로 남북만이 아니라 동서로도 정확히 한국의 정반대에 있다. 하다못해 빗자루질하는 것부터 손가락으로 숫자를 세는 것까지 생활 습관에서도 한국과 정반대인 것이 한둘이 아니다.

    아메리카 대륙에 흩어져 살고 있는 미주 한인 중 브라질 한인들이 평균적으로 가장 성공한 편이어서 비교적 풍요로운 삶을 누리고 있는 것 같다는 느낌을 받았다. 1960년대 중반에 중학교를 졸업한 뒤 부모를 따라 이민을 와 의류 도매상을 하는 이경렬 씨(55)의 설명처럼 미국에 사는 한인들의 경우 '스몰 비즈니스'로 성공을 했더라도 대부분 가족의 노동을 팔아 성공을 누렸다. 그러나 브라질 한인들은 현지 인건비가 워낙 싸기 때문에 인력을 고용해 어느 정도 자유시간을 즐기면서 경제적 성공을 누렸고 상대적으로 삶에 여유가 있었다. 그리고 아르헨티나와 비교해 보아도 브라질은 전반적인 경제 사정이 나아 한인들의 사업도 상대적으로 나은 편이다. 아르헨티나와 마찬가지로 브라질도 초인플레를 잡기 위해 계속 긴축정책을 펴고 있어 불황으로 고통을 받고 있지만, 아르헨티나와 달리 달러와 1대 1로 묶였던 환율을 조금씩 올려 1대 2(2001년 기준) 정도로 현실화하는 등 상대적으로 경제가 잘 돌아가는 편이다.

그뿐 아니라 "브라질은 일하는 나라가 아니라 노는 나라"라는 브라질 사회의 전반적인 유희문화 덕에 일만 하는 것이 아니라 삶을 즐기며 살아가고 있었다. 이과수 폭포에서 만난 한 한인 교포의 말은 모두 새겨들어야 할 삶의 답처럼 여겨져 잊히지 않는다. 1964년에 이민 와 이제 일흔 살이 됐다는 윤석모 씨에게 "돈 많이 벌었겠네요"라고 말하자 돌아온 대답. "아니 돈 벌러 왔나요. 삶을 즐기러 왔지. 궁색하게 살지 않으면서도 이곳에서 산 반평생 동안 사람이 사는 것이 이런 것이구나 싶게 원없이 즐기며 살았습니다."

원없이 즐기며 살았다? 얼마나 듣기 어려운 기막힌 대답인가. 사실 한국, 그리고 미국에 사는 많은 한국 사람들이 경제적 성공이 삶의 목적이 아니라 수단일 뿐이라는 사실을 잊고 본말이 전도된 삶을 살아가고 있다는 점을 생각할 때 이 말은 신선한 충격으로 다가왔다. 자신의 삶을 돌아보며 이런 말을 할 수 있다는 사실이 너무 부러웠다. 사실 경제적 성공만 바라며 앞만 보고 달려온 우리들이 배워야하는 것은 브라질의 라틴적 삶이 아닐까? 이제 우리도 호모 파베르(작업인)에서 호모 루덴스(유희인)로 변신이 필요한 것 아닐까?

마지막 원시림 '아마존', 너마저……

브라질을 이야기하면서 아마존을 빼놓을 수는 없다. 거대한 브라질의 크기를 보여주듯이 리우를 떠나 아마존의 관문인 마나우스까지 날아가는 데는 다섯 시간이 걸린다. 비행기 밖을 내다보면 열대우림이 끝없이 펼쳐진다. 아마조나스 주의 수도 마나우스는 한때 고무농장 덕분에 돈을 주체하지 못할 정도로 번창했던 곳이다. 그러나 영국판 문익점이라고 볼 수 있는 헨리 위컴이 고무씨를 훔쳐가 말레이시아에 심으면서 화려한 시절은 막을 내렸다. 이후 수입자유지역으로 겨우 명맥을 유지하다가 최근 그 특권도 사라져 더욱 큰 어려움을 겪고 있다.

　마나우스에 도착해 부두로 나가자 거대한 아마존 강이 나타났다. 하류는 폭이 42킬로미터이고, 파도가 높이 8미터 정도로 친다니 왜 이 강을 '바다 강'이라고 부르는지 이해가 갔다. 보트를 타고 얼마를 가자 검은색의 리우네그로와 누런색의 아마존 강이 만나 두 강물이 섞이지 않고 나란히 흐르는 장관이 나타났다. 이가포라는 침엽수가 물에 잠기면서 나무 성분이 물에 분해되어 검은색을 내는 리우네그로는 어떻게 보면 콜라를 풀어놓은 것 같고 그 물에 풍광이 비쳐지면 검은 자개상을 펼쳐 놓은 것 같다. 그런데 베네수엘라에서 오는 이 강은 물살이 느리고 수온이 따뜻한 반면 페루에서 흘러오는 아마존 강은 물살이 빠르고 온도가 낮아서 두 강이 만나 하나가 된 뒤에도 수온과 유속의 차이 때문에 12킬로미터 가량 나란히 따로 흐르는 장관이 빚어지고 있다.

마나우스를 떠나 리우네그로를 거슬러 올라가면서 강을 바라보고 있으니 폭이 26킬로미터라는 이 강이 이렇게 넓은데 폭 42킬로미터의 아마존 강 하류는 어느 정도일지 짐작이 갔다. 3시간을 거슬러 올라가면 나타나는 것이 아마존에서 유일하게 별 5개짜리 정글호텔인 아리아우스 호텔. 7개의 타워에 2백 60개의 객실로 이루어진 이 호텔은 아마존 정글 속에 지어져 있다. 전설적인 탐험가 자크 쿠스토의 제안이었다고 한다. 별 5개가 무색할 정도로 방은 여인숙 수준이지만 사방에 늘어져 있는 야생 원숭이들을 볼 수 있었고, 정글 위에 나무로 기둥을 세우고 그 위에 나무를 깐 다음 난간을 만들어서 아주 안전했다. 또 정글을 내려다보며 산책할 수 있도록 만든 5킬로미터 길이의 산책로는 어디서도 맛볼 수 없는 이곳만의 자랑이다. 특히 이런 산책로는 자연을 파괴하지 않고 산책할수 있게 만든 에코투어리즘, 즉 생태친화적 관광의 전형으로 배울 것이 많았다.

이어 본격적인 아마존 탐험이 시작됐다. 아마존이라는 이름은 유럽의 정복 초기에 그리스 신화의 아마조네스를 연상시키는 무장한 여성 전사를 보았다는 이야기가 전해지면서 붙여진 이름이다. 이 열대 우림 지역은 지구 담수의 20퍼센트를 보유하고 있고 지구 산소의 20퍼센트를 생산하는 '지구의 허파'이다. 브라질 영토의 68퍼센트를 차지하고 브라질 등 9개국에 걸쳐진 이 지역은 지금도 4개의 언어를 구사하는 1백 20개 원주민 부족이 살고 있는 세계의

아리아우스 호텔

'천연 문화 기념지'이기도 하다. 아마존 강은 페루에서 시작해 대서양에 이르기까지 서울—부산 거리의 열다섯 배에 달하는 6천 8백 40킬로미터를 흘러간다. 뿐만 아니라 아마존에는 자연 맨소랜담에서 샤넬 No.9의 원료, 자연 비아그라, 반비아그라(정력 감퇴제, 피임제) 등 지금까지 발견된 것만 5만여 종의 의약품과 영양식의 재료들이 서식하고 있다. 최근 들어 자연 기초 소재, 생태 유전자 자원의 중요성이 급속히 부각되고 있다는 점을 고려하면 아마존의 가치는 무한하다.

그러나 아마존이 원래 바다, 즉 태평양이었다는 사실을 안내원에게 듣고 깜짝 놀랐다. 원래 바다였으나 1억 년 전 안데스 산맥이 솟아올라 내륙이 되고 시간이 흐르면서 바다가 강으로 변한 것이다. 환경이 변하면서 민물상어, 민물돌고래가 생겨났지만 지금도 상어와 돌고래가 서식하고 있다. 아마존 강에서 보았던 핑크빛 민물돌고래의 모습은 억겁의 세월을 생각하게 하는 잊을 수 없는 체험이었다.

아마존의 식인물고기인 피라니야 낚시, 아마존 정글의 수목탐험 등 잊을 수 없는 경험을 즐긴 뒤 정글 속에 살고 있는 한 원주민 가족을 방문했다. 알베르토(60) 부부를 중심으로 3대가 모여 사는 이 가족은 전형적인 원주민 가족이다. 낚시를 하고 농사를 지으며 살아가고 있는데 손자, 손녀들은 카누를 타고 학교에 다니고 있다고 한다. 가난한 살림이지만 외부 손님이 왔다고 갓 잡은 생선을 계속 기름에 튀겨 내오는 인심과 맑은 눈빛에서 잃어버린 우리의 옛 모습을 보는 것 같았다. 칠레의 산티아고에서 시작해 고도의 이스터 섬, 남극 코앞의 파타고니아, 다시 올라와 칠레 중부의 호수 지역에서 배를 타고 2

리우네그로와 아마존이
빚어내는 장관

알베르토 가족의
단란한 모습

박 3일에 걸친 항해 끝에 국경을 넘어 아르헨티나로 도착하는 호수탐험, 아르헨티나의 바리로체에서 이과수 폭포, 부에노스아이레스를 거쳐 브라질의 리우와 상파울루, 그리고 아마존에 이르는 두 달에 걸친 이번 여행의 마지막을 장식한 것은 악어사냥이었다. 칠흑 같은 어둠 속에서 배를 타고 가며 손전등으로 사방을 비추면 악어의 눈빛이 불타는 것처럼 빨갛게 비쳐 악어를 찾을 수 있고 눈에 강한 빛을 받은 악어가 꼼짝 못하는 동안 잡는 것이다. 두 시간이나 악어가 살 만한 곳으로 끌려 다녔지만 악어를 찾지 못해 포기하고 돌아오다가 간신히 악어를 잡아 만져볼 수 있었다.

　몇 년 전만 해도 흔해 빠졌던 악어가 이제는 점점 찾기 어려워지고 있다고 한다. 지구의 마지막 원시림 아마존도 생태 파괴가 빠르게 진행되고 있는 것이다. 지금도 개발과 농지 개간으로 하루에 축구장 1백 개 정도의 아마존이 파괴되고 있다지만 이를 나무랄 수만은 없는 노릇이다. 지구의 종말에 대해

이제는 멸종의 위기에 놓인 아마존 악어

많은 가설이 제기되고 있지만 정말 지구의 종말이 온다면 (그 원인으로) 가장 가능성이 큰 것은 생태계의 파괴다. 그리고 미국이 1인 평균 기준으로 세계에서 가장 많은 에너지를 소비하며 가장 많은 환경오염을 일으키고 있다는 사실에 주목할

필요가 있다. 그러면서 최소한의 생존을 위한 브라질 농민들의 아마존 개발을 비판할 수는 없을 것이다.

아마존 주민들에게 개발을 자제하는 대신 환경을 오염시키는 공산품에 대해 지구적 환경세를 부과해, 이를 환경보조금으로 지불하는 식의 제도를 시행하지 않는 한 환경 파괴의 딜레마는 해결할 수 없다. 결국 지구는 하나의 유기적 생명체이고 아마존의 운명은 미국의 운명이기도 하다. 그리고 칠레 인디언의 옛말처럼 지구가 인간에 속해 있는 것이 아니라 인간이 지구에 속해 있다는 것을 명심해야 한다.

우파 정권보다 더 우파 같은 룰라

한국과 브라질. 비슷한 점보다는 다른 점이 많은, 별로 어울리지 않은 한 쌍이다. 두 나라는 동서로 지구의 정반대에 위치하는 데다가 남북으로도 정반대에 있다. 게다가 한국이 자원이 별로 없는 작은 나라지만 열심히 일해 산업화로 일어섰다면, 브라질은 엄청나게 풍부한 지하자원을 갖고 있음에도 계속 경제 위기를 겪고 있는 나라다. 브라질은 저렇게 좋은 조건을 가지고 저렇게 못 살기도 어렵지 않겠냐는 생각을 갖게 하는 나라다.

그러나 두 나라는 역사적인 공통점 때문에 주목을 받은 적이 있다. 1970년대 제3세계로는 예외적인 산업화를 이루면서 이른바 신흥공업국으로 함께 각광을 받았다. 그러나 이후 한국은 계속 경제성장을 했지만 브라질은 경제

파탄과 외채위기를 겪으면서 전혀 다른 길을 걸었다. 그러던 두 나라는 1990년대 들어 다시 함께 세계의 주목을 받기 시작했다. 동구권 몰락과 함께 세계적으로 보수화의 물결이 일고 있던 중에 한국과 브라질, 그리고 남아공에서 노동자계급을 중심으로 한 진보운동이 거세게 일어난 것이다. 한국에는 총파업으로 김영삼 정권을 굴복시킨 민주노총이 있었다면, 브라질에는 엘리트 중심의 보수정당에 대항하는 노동운동 지도자 룰라가 주축이 되어 만든 노동자당(PT당)이 있었다. PT당은 선풍적인 바람을 일으키며 성장했고 2002년 대선에서 드디어 룰라가 대통령에 당선되기에 이른다.

브라질처럼 빈부격차가 심한 엘리트 지배 사회에서 초등학교밖에 나오지 않은 선반공 출신 노동운동가가 대통령에 당선된 것은 혁명적 사건이었다. 이것에는 한참 못 미치지만 반공주의와 지역주의 장벽 등에 막혀 실패해온 한국의 진보정당 실험도 2004년 총선에서 민주노동당이 10석의 의석을 차지하고 제3당으로 자리잡는 성과를 거뒀다. 우리는 과거의 공산당이나 사회당과는 다른 새로운 진보정당 모델로 평가받고 있는 브라질 노동자당과 룰라의 실험에 대해 비상한 관심을 갖지 않을 수 없다. 2001년 첫방문에 이어 3년만에 다시 브라질을 찾은 것은 그런 실험을 직접 확인해 보고 싶어서였다.

그러면 룰라 정부의 중간성적표는 어떤가? 평가는 갈라졌다. 브라질에 천문학적인 금액의 채권을 갖고 있는 국제 금융자본은 "생각보다 잘 하고 있다"고 칭찬을 아끼지 않는다. 그러나 정작 룰라를 지지했던 노동자들과 진보세력, 나아가 중립적인 자유주의 학자들은 대부분 비판적인 견해를 내보이고 있다. 한마디로 브라질의 외채문제를 해결하기 위해 민중들의 생존권은 아랑

곳 하지 않는 "카르도소 정권을 포함한 역대 우파 정권보다 더 우경적인 정권"이자 "말만 많고 행동은 없는 NATO No Action, Talk Only 정권"이라는 것이다(사실 룰라 정부에 대한 브라질 진보세력의 비판은 많은 부분 한국에서 김대중 정부와 노무현 정부에 대한 진보세력의 비판과 기가 막히게 똑같아 무릎을 치게 만들었다). 상파울루에서 만난 택시기사 카를로스는 노동자당의 골수 지지자로 룰라를 찍었는데 그 결과가 "거대한 국민사기극"이라며 열을 올렸다. 기대가 컸던 만큼 실망도 큰 것이다.

그러나 이런 문제는 룰라 정부가 집권하면서 이미 예상된 것이었다. 룰라는 세 차례의 대통령 선거에서 초반에 잘 나가다가 급진적 변화를 두려워한 유권자들의 정서 때문에 패배한 적이 있다. 그러자 2002년 대선에서는 이념적 색채를 없애고 온건한 이미지를 강조한 '평화와 사랑'이라는 감성적인 캠페인을 펼쳐 지지층을 확대했다. 게다가 또 한 차례의 외환위기로 집권당의 인기가 떨어져 집권 가능성이 어느 때보다 높아졌다. 그러나 룰라의 인기가 높아지고 집권 가능성이 커지자 브라질이 외채상환을 거부할 것을 염려한 해외 투기자본들이 빠르게 브라질을 빠져나가 경제 사정은 더욱 나빠졌다. 룰라는 해외 투기자본 등의 염려를 불식시키기 위해 모든 외채상환을 준수할 것이며 국제통화기금 IMF의 요구를 모두 수용할 것이라고 약속했다. 오히려 자신의 진보성을 염려하는 해외 금융시장과 국내의 자본가들을 안심시키기 위해 우파 정권보다 더 우파적인 정책을 약속한 것이다. 예를 들어 카르도소 정권이 IMF에 약속한 협약(긴축정책을 통해 국내총생산의 3.75퍼센트에 해당하는 재정흑자를 내겠다는 약속)을 재정흑자 목표 4.25퍼센트로 상향 조정해 발표했다.

승리하기 위해 파우스트처럼 월스트리트에 영혼을 팔았고, 그 덕으로 승리했을 땐 이미 이빨 빠진 종이호랑이로 전락하고 말았다. 진보적 정부이기 때문에 그런 이미지를 불식시키기 위해 우파 정부보다 더 우파적이지 않을 수 없는 현실, 그것이 바로 룰라 정부가 마주한 비극의 핵심이다.

물론 룰라는 자신의 전통적인 지지세력에게 기아를 없애고 일자리를 확충하며 의료 혜택을 늘리는 한편 농지가 없는 농민들에게 거대 지주들의 노는 농지를 사들여 분배해주겠다는 진보적인 프로그램을 약속했다. 그러나 자신들이 최고의 국정 목표로 삼은 재정흑자 약속을 지키기 위해서 고강도 긴축정책을 펴야 했고, 따라서 이런 약속들도 저버릴 수밖에 없었다. 브라질 땅에서 기아를 추방하기 위한 포미제로 프로그램은 기아추방이라는 목표와 멀어진 지 오래고 농지분배 프로그램도 대폭 축소됐다. 그뿐 아니라 공무원들의 연금도 대폭 삭감했다. 구조적 불평등의 핵심인 교육정책도 크게 달라지지 않았다.

사실 룰라 정부의 지나친 긴축정책 때문에 브라질은 2003년 11년 만에 마이너스 성장을 기록했다. 2004년에는 성장률 4퍼센트를 넘어섰지만 주로 수출이 증가한 덕분이지 내수는 계속 어렵다. 게다가 수출이 증가한 것도 레알화를 평가절하해 환율을 대폭 올린 데다가 중국 덕택에 대두 같은 식량부터 철강 등 원자재의 중국 수출이 급증했기 때문이지, 룰라 정부가 국정을 제대로 운영했기 때문은 아니었다. 브라질의 의류시장을 장악하고 있는 한인 교포들은 "브라질 정부는 내수도 회복되고 있다는데 어떠냐"는 질문에 콧방귀를 뀌었다.

보수적인 경제정책 때문에 일어나는 지지 기반 이탈과 진보적 프로그램의 실종보다 더 심각한 문제는 부패다. 노동자당은 부패한 브라질의 정치판에서 유일하게 깨끗한 정당이라는 이미지를 가지고 있었다. 그런데 룰라 정부의 2인자인 비서실장 보좌관이 거액의 선거자금을 대가로 비밀복권 업자에게 공적인 특혜를 약속한 것이 밝혀진 것이다. 사태가 이 지경에 이르자 노동자당 내의 좌파그룹은 독자노선을 선언한 뒤 탈당을 하고 말았다. 가뜩이나 의회에서 소수 정당인 노동자당은 더욱 거대한 여소야대라는 장벽에 부딪치고 있다. 그뿐 아니라 국민들의 실망도 커져 룰라 정부에 대한 지지도는 임기 초기 70퍼센트대에서 30퍼센트대로 급락했다.

그러나 이런 모든 문제에도 불구하고 어쩌면 룰라 대통령은 이미 성공한 대통령인지도 모른다. 룰라의 지지자들은 브라질처럼 불평등한 사회에서 룰라 같은 사람이 대통령에 당선됐다는 사실 자체가 최대 업적이며, 이 점에서 룰라는 이미 성공한 대통령이라고 말하고 있다. 일리가 있는 이야기다. 그러나 여기에 만족하기에는 세계 최대 규모를 자랑(?)한다는 리우의 빈민촌 등 브라질 거리 곳곳에서 마주치는 빈부격차와 사회적 불평등이 너무 심각하다. 그리고 룰라 정부의 실험은 자본이 지구적으로 움직이는 지구화 시대에, 그것도 선진국이 아닌 제3세계에서, 과연 일국적 수준의 진보 정부가 가능하냐는 근본적인 의문을 갖게 한다. 이 문제와 관련해 한 브라질 전문가와 인터뷰를 가졌다.

INTERVIEW

페르난도 리몽지
브라질 분석계획센터CEBRAP 소장

룰라 정부에 대한 중간평가는?

물론 평가자가 어떤 이념적 색깔을 가지고 있느냐에 따라 다를 것이다.
나 자신은 진보와는 거리가 한참 먼 사람이지만 룰라 정부는 한마디로 실망
그 자체다. 그래도 노동자 후보고 다양한 진보적 프로그램을 공약으로
내걸었으면 과거 정권과는 무엇이 달라도 달라야 하는 것 아닌가? 그러나
이른바 월스트리트 중심의 워싱턴 컨센서스를 그대로 따르고 신자유주의
정책을 답습하는 등 과거 우파 정권과 차이가 없다.

그래도 기아를 없애겠다는 포미제로 등 사회정책은 좀 다른 것 아닌가?

사회정책은 오히려 우파 카르도소 정권보다 더 후퇴했다. 카르도소 정부는
그래도 교육, 의료 등 사회정책을 개혁했고 개선해 나갔다. 그런데 룰라
정부는 사회정책이 있기나 한 것인지 모르겠다. 포미제로라는 것도 말만
있지 행동은 없는 허깨비다. 아마 기아를 실제로 없애는 것보다도 이 정책을
선전하는 데 더 많은 예산을 썼을 것이다.

고질적인 부패는 어떤가?

정당과 선거운동을 위해서는 돈이 들어간다. 룰라 정권의 2인자인 대통령
비서실장이 연루된 부패 스캔들이 보여 주듯이 노동자당도 이미 부패하고
있고, 다른 정당과 다른 것이 없다는 허무주의가 유권자 사이에서 확산되고

있다. 결국 선거공영제를 확대해야 하는데 IMF와 맺은 협약에 따라
재정지출이 묶여 있어 정치자금 개혁은 불가능한 실정이다.

룰라 정부의 미래는?
총체적인 사회개혁, 특히 진보적인 사회개혁이라는 측면에서는 비관적이다.
룰라 정부는 '기성 정치인들보다 깨끗하기 때문에 도덕적으로나 정치적으로
우월하다'는 우월감을 가지고 있는데, 이런 우월감을 버리고 겸손해지지
않으면 의외로 고전할 수도 있다.

브라질에 부는 중국 바람

"이제 우리가 손을 합쳐 세계무역의 지도를 바꾸어놓을 것이다."

　　2004년 대규모 경제사절단을 거느리고 중국을 방문한 브라질의 룰라
대통령은 21세기의 새로운 패권국가 후보 1순위로 떠오르는 '중국'과 남미의
잠재적 강국인 '브라질'의 교역 증대에 대해 이렇게 큰소리를 쳤다. 이 발언에
는 우파적 정책에 불만이 많은 국내 지지세력들에게 점수를 따려는 룰라의 포
퓰리즘식 수사학이 묻어 있다. 그러나 단순한 엄포만은 아니다. 멀기만 하던

브라질과 중국 사이의 교역이 최근 들어 활발해지면서 세계무역에 서서히 지각변동이 일어나고 있는 것은 사실이다. 엄청난 속도의 산업화 때문에 철광석 같은 원자재와 대두 등 식량의 안정적 공급선이 필요한 중국과 세계적인 자원의 보고 브라질의 이해가 맞아 떨어진 것이다.

사실 이번 남미 여행에서 가장 인상에 남는 것은 한-칠레 자유무역협정의 바람도, 룰라 정부의 우경화도 아니었다. 브라질을 포함해 남미 전역에 불고 있는 '중국 바람'이었다. 세계 최대의 철광석 생산업체인 브라질 CVRD사는 중국에 철광석을 좀더 효율적으로 수출하기 위해 최근 세계 최대 크기의 수송선을 발주했다. 그리고 아마존에 위치한 광산은 중국에서 밀려드는 주문 때문에 현재 24시간 가동 중이라고 한다. 중국의 경제 붐이 아마존까지 엄청난 영향을 미치고 있으니, 세계화의 위력, 중국 바람의 위력을 실감하지 않을 수 없었다. 이런 중국 특수 덕에 2003년 브라질의 수출은 전년 대비 철광석이 85퍼센트, 농산물이 60퍼센트 이상 늘어나 심각한 내수 부진에도 불구하고 경제 침체의 여파를 마이너스 1퍼센트로 막을 수 있었다. 그리고 2004년에는 4퍼센트를 넘는 성장을 이뤄냈다.

중국 바람은 브라질에 그치는 것이 아니다. 대두 수출로 경제 회복의 청신호가 보이기 시작한 아르헨티나의 네스토르 키르치네르 대통령도 룰라에 뒤질세라 중국을 방문했다. 나아가 파라과이와 볼리비아의 대두농장들, 칠레와 페루의 구리광산 등 중국 특수는 남미 대륙 전체로 번져가고 있다. 중국 바람으로 남미 국가들이 미국을 대신한 대안적인 경제 파트너를 갖게 됐고, 그 결과 미국이 남미에 대해 전통적으로 행사해온 입김이 약화되는 게 아니냐

허름한 건물 사이에
세워진 중국풍의
건축물

는 염려가 미국 내에서 심각하게 생겨나고 있다. 사실 남미 국가 중 가장 '친미

적'인 국가인 칠레가 최근 미국의 이라크 파병 압력에 끝까지 버티다 마지막에

야 마지못해 참전했는데, 예전 같으면 상상할 수 없는 일이었다. 사실 이번 남

미 여행 전에는 이라크전쟁을 미친 짓이라고 생각했으나 이번 방문 결과 부

시의 절박함을 알 수 있었다. 즉 이미 미국과 중국, 그리고 유럽의 에너지전쟁,

자원전쟁(세계 자원대전)은 시작됐고 부시의 이라크 침공은 그런 맥락에서 이

해되어야 한다.

리우 항구의 아름다운 풍광.
브라질을 경제 위기에서 구해줄
방파제는 무엇일까.

　　남미의 중국 바람과 관련해 주목할 것은, 자원 확보를 위한 중국의 장
기적 전략이다. 브라질과 아르헨티나는 태평양이 아니라 대서양 국가다. 따라
서 원자재 수입을 위해 중국은 남미 최남단인 마젤란 해협이나 파나마 운하
를 통과해야 한다. 그래서 중국은 원자재와 식량의 물류비용을 줄이기 위해
브라질, 아르헨티나를 거쳐 안데스 산맥을 관통해 칠레의 태평양 항구로 연결
되는 고속도로, 즉 일종의 판 라틴아메리카 고속도로를 자신들이 직접 비용
을 부담해 건설하려 하고 있다. 또 중국 커뮤니티의 소식에 정통한 어느 교포
는 중국 정부가 최근 브라질 공략을 위해 합법적인 이민은 아니더라도 사실상
1백만 명을 브라질에 보내려 한다고 전했다. 출국허가 없이 해외여행을 할 수
있는 나라에 쿠바와 함께 브라질을 추가하는 등 브라질 이민을 적극 권장하

는 것이다. 그래서 브라질 내 최대의 동양계 민족인 일본계가 장악해온 상파울루의 아시아타운을 중국계가 하나둘씩 먹어 들어가고 있다고 한다. 이 이야기를 듣고 아시아타운을 방문해보니 정말 일본계 상점들을 중국인들이 인수해 새롭게 단장한 것을 확인할 수 있었다. 이런 움직임과 달리 우리는 이미 있던 대한항공의 브라질 직항노선도 1997년 경제위기를 이유로 폐쇄했다. 또한 김대중 전 대통령이 브라질을 방문하며 정상외교를 벌이고도 후속 조치가 전혀 없는데다 단기적 정책만 남발해 21세기의 중요한 과제로 등장하고 있는 자원전쟁에서 자살골이나 넣고 있다고, 현지 교포들은 한숨을 내쉬었다.

그러나 브라질을 포함한 남미 전체에 불고 있는 중국 특수에 모두 긍정적인 시선만 보내고 있는 것은 아니다. 남미가 중국 경제에 크게 의존하면서, 이미 여러 곳에서 조짐을 보이고 있는 중국의 경제 침체가 본격화될 경우 남미 경제도 다시 주저앉고 말 것이라는 우려가 생겨나고 있다. 세계 경제사와 남미의 역사에 밝은 학자들은 좀더 근본적인 의문을 던지며 암울한 전망을 하고 있다. 특히 최근 서구 언론이 퍼뜨리고 있는 브릭스BRICs 논의, 즉 21세기에는 브라질B, 러시아R, 인도I, 중국C이 부상한다는 주장에 대해 처음 들어보는 이야기라는 학자도 많았고, 이구동성으로 다른 나라는 몰라도 브라질은 아니라고 콧방귀를 뀌었다. 한 예로, 『브라질 정치경제』편집장이자 브라질 최고 지성 중 한명인 루이스 브레세르-페레라는 지난 수 세기에 걸친 남미의 교역과 역사가 보여 주듯이 중장기적으로 볼 때 원자재 수출에 의존하는 경제는 희망이 없다고 단언했다. 그리고 브라질이 중국보다는 한국을 아시아의 전략적 파트너로 삼아 한국의 정보산업 등을 배워야 한다고 지적했다.

INTERVIEW

루이스 브레세르–페레라
『브라질 정치경제』 편집장

브라질은 계속 경제위기를 겪고 있는데 이유가 무엇인가?

브라질과 한국은 1970년대, 제3세계로는 드물게 산업화에 성공해
신흥공업국으로 불리던 제3세계의 엘리트 국가들이었다. 한국과 브라질이
갈라진 이유는 간단하다. 한국은 자기 나름의 경제성장 모델을 유지한 반면
브라질의 엘리트들은 워싱턴의 세계화와 신자유주의 정책을 무비판적으로
수용한 것이다. 하지만 요즘은 한국도 1997년 경제위기 이후 워싱턴의
세계화와 신자유주의 정책을 무비판적으로 수용하는 등 브라질식으로 나가는
게 아닌가 걱정스럽다.

룰라 정부는 어떤가?

브라질을 살리기 위한 산업전략이 있어야 하는데 그런 것이 없다.
또 금리정책이 완전히 잘못돼 있다.

1980년대 경제위기 후 브라질 정부는 고금리 정책을 통해 브라질 채권을
쥐고 있는 국제 투기자본, 그리고 일은 하지 않고 이자나 따먹고 사는 브라질
부자들 배만 불리는 일종의 지대국가, 고리대국가가 되고 말았다. 이 집단들의
수입이 줄어들더라도 금리를 낮춰서 생산적 자본가들의 자금 부담을 덜어
줘야 산업이 발전할 수 있는데, 룰라는 오히려 금리를 20퍼센트대로 올리고
말았다. 그러니 월스트리트가 룰라한테 잘한다고 박수를 치는 것은 당연한
일이 아닌가.

그래도 중국 붐으로 경제가 살아나고 있는 것 아닌가?

일시적으로는 그럴지 모르지만 장기적으로는 오히려 재앙일 수 있다.
라틴아메리카의 역사가 그것을 증명하고 있지 않은가. 자원이 풍부한
나라일수록 더 못살고 낙후돼 있다. 물론 그런 나라일수록 선진국에 많이
수탈을 당했기 때문이기도 하지만 이것을 넘어서, 환율과 더 깊은 관련이 있다.
자원수출국은 외화가 많이 들어오면서 인플레가 생기고 임금이 올라가는 등
부작용이 생겨 환율을 낮추게 되는데, 그러면 그만큼 외국의 공산품은
싸지기 때문에 국내 공산품은 경쟁력을 상실해 국내 산업이 무너지게 되는
것이다. 따라서 노르웨이 같은 나라는 북해에서 석유가 나오면서 석유기금을
만들어 석유판매 대금이 국내시장으로 들어와 환율 평가절상 압력을 가하지
않도록 하고 있다. 결국 이것과 비슷한 조치를 하지 않는 한 대두와 철강 등
원자재 수출이 일시적인 경제 회복을 가져다주겠지만 브라질의 국내 제조업
발전에는 오히려 장애가 될 가능성이 크다.

무척 암울하게 들린다.

그래도 희망은 있다. 나도 카르도소 정권에서 과학기술처 장관을 했지만
아주 소수파에 불과했다. 반면 룰라 정부와 노동자당 안에서는 현재 노선에
대한 비판적인 목소리가 크기 때문에 현 노선을 바꿀 수 있는 가능성이
과거보다는 크다. 외국자본이나 국내자본이나 차이가 없다는 허황된 주장,
그리고 이런 주장에 기초해 외국자본을 유치해 경제발전을 하겠다는 착각을
벗어나, 다양한 사회세력들이 나서서 21세기 브라질 발전을 위한 새로운
국민적 협약을 만들어내야 한다.

한국에도 민주노동당이 원내진출하는 등 진보정당이 발전하고 있는데 해주고 싶은 말은?

룰라처럼 승리지상주의로 가면 안 된다는 것이다. 우파보다 더 우파적 정책을 펼 바엔 무엇 때문에 집권을 하는가. 프랑스의 철학자 가타리가 잘 지적했듯이 집권하면 그 자체가 우파이며 "이 세상에 좌파정부란 없다There is no leftist government"는 말을 잊지 말기 바란다.

검은 브라질

브라질은 아르헨티나, 칠레 등과 달리 흔히 우리가 흑인이라고 부르는 아프리카계가 많은 나라다. 포르투갈이 브라질을 식민지로 만든 뒤 노동력 문제를 해결하기 위해 아프리카 노예를 많이 데려왔기 때문이다. 그런 의미에서 브라질은 남미 내의 '검은 남미'라고 할 수 있다. 그런데 브라질 내에서도 아프리카계가 대거 모여 살고 있는 '검은 브라질'이 있다. 그곳은 살바도르로 대표되는 북동부 지역이다. 지난 2001년 여행에서 브라질의 남서부인 이과수 폭포 지역, 남동부인 상파울루와 리우, 북서부인 아마존 지역을 여행했지만 아프리카계가 많이 살고 있고 그 전통이 가장 많이 살아 있는 북동부지역은 가보지 못했다. 그래서 이번에는 북동부의 대표 도시인 살바도르를 방문하기로 했다.

1498년 인도로 향하다 브라질을 '발견'하여 침략, 점령한 포르투갈은 초기에는 15개의 분권 체제로 브라질을 지배했다. 그러나 브라질을 노리는 스페인, 프랑스, 네델란드 등의 침공이 거세졌다. 그러자 포르투갈은 이들의 압박에 효과적으로 대응하기 위해 전략적 요지인 '성자들의 만'의 가파른 낭떠러지 위에 브라질의 첫 수도를 세우고 브라질 전체를 지배하는 총독부를 세우기로 결정했다. 그것이 바로 살바도르다. 브라질 첫 수도였던 만큼 살바도르에는 역사적 유적이 많다. 인구의 80퍼센트 이상을 아프리카계가 차지한다는 통계대로 사방에 보이는 것은 아프리카계여서 마치 아프리카에 와 있는 느낌이었다. 도시 한가운데 호수에는 거대한 아프리카계 여자 주술사 같은 조각들이 몇 개씩 설치되어 있었고 강한 아프리카 비트 음악이 흘러 나왔다. 음식도 브

'검은 브라질' 살바도르의 거리 풍경

라질 음식으로는 특이하게 자극적인 해산물 요리들이 많아 전체적 분위기가 뉴올리언스와 비슷했다. 가톨릭 성당들이 많이 있었지만 자신이 아픈 신체부위 모형을 걸어 놓으면 병이 낫는다는 미신 때문에 성당 천장에 수많은 신체모형들을 걸어놓는(그래서 성당 같지가 않고 마네킹 공장 같은 느낌을 준다) 등 아프리카의 토착신앙과 결합한 독특한 모습들이 눈에 띄었다. 넉넉한 살집에 마음 좋은 어머니 같은 아프리카계 주방장이 요리해주는 맛있는 해산물 요리를 먹고 '역사적 도시'라고 불리는 옛 시가지로 향했다.

옛 시가지는 낭떠러지 위에 세워진 만큼 현재의 시가지에서 한참을 올라가야 하기 때문에 케이블카를 타고 올라갔다. 케이블카에서 내리자 고색창연한 옛 수도의 모습이 나타났다. 옛 총독부 건물과 프랑스 등으로부터 브라질을 지키기 위해 포르투갈이 세운 포대도 인상적이었지만, 1556년에 세워진 브라질 초대 대주교의 동상을 보고 있노라니 살바도르의 역사를 실감하게 됐다. 그러나 살바도르의 구시가지에서 가장 인상에 남는 것은 브라질이 자랑하는 세계적인 문학자의 이름을 딴 조르지 아마두 박물관 앞 광장이었다. 그 광장이 바로 아프리카에서 데려온 노예들을 경매하던 브라질 최대의 노예시장 자리이었기 때문이다. 이제는 특별한 흔적이 남아 있지 않지만, 광장에 서자 먼 바닷길을 끌려온 수많은 노예들의 울음소리, 신음소리들이 4백 년의 세월을 넘어 내 귀에 들리는 것 같았다.

1969년 9월초 일련의 브라질 대학생들은 군사독재를 지원하는 미국에 대한 항의로 주미대사를 납치했다. 그리고 나흘 뒤 주미대사는 15명의 좌파사상범들을 해외로 보내주는 조건으로 석방됐다. 15명 중 한 명인 주제 디르시우는 쿠바로 망명을 갔다가 그곳에서 성형수술을 받아 새로운 인물로 다시 태어나 브라질에 돌아왔다. 그리고 민주화에 따라 망명정치범 사면령이 발표되면서 다시 성형수술을 해 옛 얼굴을 되찾았다. 이후 그는 룰라 대통령의 비서실장으로 막강한 권력을 행사해 룰라의 분신으로 불렸다. 그러나 결국 2005년 여름 브라질 역사상 최대의 부정스캔들이라고 불리는 부정 때문에 공직에서 물러나야 했다. 룰라의 측근들이 수천 달러의 비자금을 관리하며 연방의원들의 표를 매수하기 위해 매달 12만 달러의 뇌물을 지불해 왔던 것이 들통난 데다가 한 측근이 공항에서 셔츠 속에 10만 달러를 가지고 나가다가 잡힌 것이다.

브라질은 1992년 페르난도 콜로르 지 멜로 대통령이 부정혐의로 탄핵을 당해 사임한 역사를 가지고 있는데, 현재 드러난 룰라 정부 부정의 규모는 콜로르 정부의 부정에 비해 비교가 되지 않을 정도로 엄청나게 크다는 점에서 그 역시 탄핵감이라는 게 현지 전문가들의 주장이다. 그러나 아이러니하게도 월스트리트의 금융자본과 브라질의 비즈니스 엘리트, 그리고 보수정당의 야당 정치인들은 전혀 그의 탄핵을 원하지 않았다. 룰라 정부가 우파 정부보다도 우파적 정책을 펴면서 자신들의 이익을 지켜주고 있는 상황에서 그를 탄핵해 평지풍파를 만들 필요가 없다고 판단했다는 것이 외신들의 분석이다. 이후에도 룰라는 자신의 PT당이 야당을 매수한 스캔들이 터지는 등 스캔들이 끊이지 않았다. 그러나 "우리와 같은 출신의 대통령"이라는 빈곤층의 지지에 힘입어 룰라는 2006년 가을 대선에서 다시 승리했다.

아르헨티나

Argentina

바릴로체

부에노스아이레스

모레노 빙하

30.0

DESAPAR

Prese

"첫째, 우리는 사체 발굴을 거부한다. 둘째, 우리는 어떠한 기념물 건립도 반대한다. 셋째, 우리는 어떠한 금전 보상도 거부한다." 5월 어머니회의 하얀 스카프는 지속적인 투쟁 없이는 민주주의도 정체될 수밖에 없음을 보여준다.

5월 어머니회와 5·18

"아르헨티나여, 나를 위해 울지 말아다오."

남미에서 가장 코스모폴리탄적인 도시로 '남미의 파리'라고 불리는 아르헨티나의 수도 부에노스아이레스. 5월 광장 뒤에는 영화 <에비타>에서 '아르헨티나의 국모' 에바 페론이 발코니에 나와 열광하는 시민들에게 답례를 하던 분홍색 대통령궁이 자리잡고 있다(대통령궁이 분홍색이라니 우리로서는 상상하기 어려운 광경이다). 남미 여행을 준비하면서 원래 목요일을 부에노스아이레스에서 보낼 수 있도록 일정을 짜려고 했다. 아르헨티나 민주화 운동의 상징, 아니 세계 민주화 운동의 상징으로 광주 5·18 민중항쟁과 관련해 한국에도 초대된 적이 있는 '5월 어머니회' 때문이다. 5월 어머니회는 아르헨티나의 민주화가 이루어진 지 근 20년이 되어 가는 지금까지 한 번도 빼놓지 않고 매주 목요일 정확히 오후 3시가 되면 이곳에서 독재자의 처벌을 요구하는 시위를 벌인다. 그러나 안타깝게도 전체 여행 일정이 맞지 않아 일요일에야 이곳을 찾을 수 있었다.

적은 인구와 광활한 영토, 풍부한 자원이라는 좋은 조건에도 불구하고 아르헨티나 역시 다른 라틴아메리카와 마찬가지로 잦은 군사독재를 겪어야 했다. 특히 83년 영국과의 포클랜드 전쟁에서 패배해 권력을 물려준 마지막 군사정권은 1976년부터 7년 동안 민주화를 요구하는 반독재 인사들을 상대로 소위 '더러운 전쟁'을 벌였고, 이 사태로 무려 3만에서 7만 명의 실종자가 발생했다. 그러나 민주화가 이루어진 뒤에도 문민정부들은 군부의 영향력이 두려워 이들의 인권탄압에 대해 사면조치를 취하고 말았다. 그 결과 군의 반인륜적 범죄행위는 처벌을 받지 않은 채 민주주의의 사각지대로 남게 됐다. 아르헨티나 민주화의 기폭제를 제공했던 실종자, 정치범 어머니들의 모임인 5월 어머니회는 5월 광장에서 매주 항의집회를 엶으로써 저항을 멈추지 않았다. 결국, 오랜 시위 끝에 최근 사면조치가 부당하다는 판결을 얻어냈다. 군사독

부에노스아이레스의 대통령궁

재에 대한 처벌의 문을 연 것이다.

일요일 아침, 그것도 바캉스 시즌 일요일 아침의 5월 광장은 인적이 드물었고, 평화의 상징인 비둘기만이 한가롭게 붉은 광장 타일에 앉아 먹이를 찾고 있었다. 그런데 문득 비둘기 사이로 광장 바닥의 커다란 원을 따라 그려진 하얀 그림들이 보였다. 자세히 가서 보니 목 부분에 매듭을 진 스카프였다. 시위 때면 어머니들이 항상 머리에 두르고 나와 5월 어머니회의 상징이 되어버린, 그래서 군사독재가 가장 무서워하던 '공포의 하얀 스카프'였다. 5월 광장에서 대통령궁으로 향하는 길에도 실종자를 상징하는 사람들의 모습이 바닥에 하얀 페인트로 그려져 있었다. 아르헨티나의 민주화가 아직 끝나지 않았음을 보여주는 것이다.

세계 각국에 수많은 민주화 단체들이 있음에도 5월 어머니회가 유독 주목을 받는 데에는 이유가 있다. 소위 민주화 이후 투쟁성이 사라져버린 대부분의 단체들과 달리 5월 어머니회는 민주화 이후에도 한결같이 투쟁의 걸음을 멈추지 않고 있기 때문이다. 그러나 보다 근본적인 이유는 다른 곳에 있다. 바로 지금까지도 한 치의 오차도 없이 그대로 실현하고 있는 5월 어머니회 강령이다. 강령에 따르면 사체 발굴, 금전 보상, 기념물 건립을 거부한다(물론 민주화가 되고 정부가 1인당 25만 달러라는 거액의 보상금을 제시하면서 이를 받아들인 사람들도 있다. 그러나 대부분은 보상금 수령 등을 거부하며 초기의 입장을 지켜오고 있다).

"첫째, 우리의 자식들은 죽은 것이 아니고 현재의 민주화 운동 속에 살아 있다. 따라서 우리는 사체 발굴을 거부한다. 모든 민주화 운동에 참여하고 있는 젊은이들이 모두 우리 자식들이다. 둘째, 우리는 어떠한 기념물 건립도 반대한다. 기념물 건립은 우리 자식들의 민주화 투쟁 정신을 화석화시켜 건축물과 돌 속에 가두는 것이다. 우리 자식들의 정신은 기념물이 아니라 현재의 투쟁을 통해 기념되고 계승되어야 한다. 셋째, 우리는 어떠한 금전 보상도 거부한다. 생명은 생명 그 자체로서 가치가 있지 어떠한 금전으로도 대치될 수 없다. 인간의 생명을 금전으로 격하시키는 일은 있을 수 없는 일이다."

5월 어머니회의 강령을 보고 있노라면 우리는 그 숭고한 정신에 숙연해지지 않을 수 없다. 아니, 숙연함을 넘어 5·18 광주 민중항쟁을 비롯한 한국의 민주화 운동에 대해 뼈아픈 반성을 하지 않을 수 없다. 사실 개인적으로 5·18 단체 관계자들과 유럽, 아시아의 민주 성지를 돌며 기념사업에 대한 조사도 하고 여러 면에서 개입을 했지만 5·18 광주 민중항쟁은 시간이 지나면서, 특히 김대중 정부 들어 정신은 잃어버린 채 화석화되어버렸다. 망월동의 초라하지만 정신이 넘치는 역사적 유적이 수백억 원을 들여 만든 화려하고 거대한 묘소로 옮겨졌지만 그만큼 웅장한 기념물에 갇혀 정신은 사라지고 있다. 뿐만 아니라 5·18 피해자들에게 주어지는 거액의 보상금을 타려고 가짜 피해자들이 돈을 챙겨 처벌을 받기도 했다.

한때 한국을 대표했던 저항시인 김지하는 희곡 「구리 이순신」에서 친일파 박정희가 광화문에 청와대의 수문장처럼 이순신 동상이 국민들을 내려다보도록 건축한 것을 풍자했었다. 이순신이 "나는 국민과 함께 하는 인자한 모습인데 나를 구리 동상 속에 가두었다"고 "나를 구해달라"고 신음하는 이야기이다. 이제는 구리 동상 속에 화석화된 5·18을 비판하는 '구리 5·18'이 필요

5월 광장 바닥에 그려진
5월 어머니회의 하얀 스카프

아르헨티나 노동자의 삶을 그린 부조

할 지경이다. 5월 어머니회의 하얀 스카프는 고인 물은 썩을 수밖에 없듯이 민
주주의 역시 지속적인 투쟁 없이는 정체될 수밖에 없음을 보여주고 있다.

아르헨티나병

1990년대 초 경제가 어려워지면서 한국 언론들은 한국 경제의 미래와 관련해,
"일본인가, 아르헨티나인가"라는 주제로 특집을 연이어 연재한 바 있다. 최근
다시 경제가 어려워지자 한국 언론들은 대처의 과감한 구조조정으로 소위 '영
국병'을 탈피한 영국을 예로 들어 "영국인가, 아르헨티나인가"라는 특집을 잇
달아 내보내고 있다. 왜 이처럼 아르헨티나는 실패한 경제의 전형으로 인용되

고 '아르헨티나병'이라는 말까지 생겨나게 된 것인가?

아르헨티나는 전통적으로 소수 지주들이 지배하는 전형적인 농업국으로 농산물을 수출하고 공산품을 수입해 왔다. 그러나 1·2차 대전이 터지면서 선진국과의 경제 교류가 단절되자 민족적인 산업가들은 독자적인 수입대체 산업화를 시작했다. 그 과정에서 이들은 선진국 제국주의와 연계되어 있는 구 지배세력인 지주들의 권력을 견제하기 위해 도시 노동자들과 연대해 진보정책을 펴나갔다. 그것이 에비타로 상징되는 페론 대통령의 '포퓰리즘'이다. 수입대체 산업화, 그리고 전쟁 특수에 힘입어 1940~50년대 아르헨티나는 경제 10대국에 돌입했다. 금을 중앙은행 금고에 다 보관할 수가 없어 사무실에까지 보관해야 했고 대리석으로 도로를 깔 정도였다. 그리고 대통령은 "국민들이 원하면 금으로 길을 깔 수도 있다"고 큰소리를 쳤다. 그러나 60년대 들어 아르헨티나의 기적은 사라지기 시작했다. 수입대체 산업화가 한계에 부딪히면서 외환 부족, 경제 침체에 고인플레 현상이 일어난 것이다. 그러나 노조의 힘이 강하기 때문에 고인플레를 보상하기 위한 임금 인상이 뒤따를 수밖에 없어 인플레의 악순환은 계속됐다. 소위 아르헨티나병이 발병한 것이다.

경제 위기는 결국 쿠데타로 이어졌다. 군부는 노동자들을 때려잡고 시장 개방을 통해 다국적 기업을 들여와 경제성장을 이루기 시작했다. 그러나 이 역시 시간이 흐르면서 외채위기라는 또 다른 위기만을 가져다주었을 뿐이다. 결국 군부는 민주화뿐 아니라 경제성장 측면에서도 무능함이 증명되면서 1980년대 들어 월스트리트의 압박 속에 권력을 내주어야 했다. 민주화가 이루어진 것이다.

경제 위기, 특히 초인플레로 알폰신 정권이 임기보다 6개월 먼저 자신에게 정권을 넘겨줘야 하는 것을 지켜 본 민주화 2대 대통령 메넴(1989~1999). 그는 자신을 뽑아준 페론당을 배신하고 월스트리트와 IMF의 신자유주의적 정책을 수용해 91년 아르헨티나화와 달러를 1대1로 묶고 살인적인 긴축정책을 펴나갔다. 한편 주요 국영기업들을 민영화해 외국기업에 헐값에 팔아넘기는 혁명적인 경제개혁을 단행했다. 그러자 고질적인 인플레는 자취를 감췄고 물가안정이 이루어졌다. 하지만 그 결과 만성적인 불황과 중산층의 몰락, 사회 양극화를 불러왔다.

언제 터질지 모르는 세계경제의 뇌관이라는 평을 받아온 외채의 경우 최근 외채 연장에 성공했지만 외채가 오히려 기하급수적으로 늘어나고 있다(메넴 집권 당시 6백억 달러 수준이었던 외채가 2000년 말 기준으로 1천 4백억 달러를 넘어섰다고 한다). 또 현재 남미 주요 국가 중 가장 경제가 엉망인 아르헨티나가 언제 만성적인 불황을 벗어나 정상 궤도에 오를지는 아직 미지수이다. 오죽했으면 아르헨티나 출신의 세계적인 정치학자 기예르모 오도넬이 최근 아르헨티나의 상태를 "그간의 가장 급진적인 종속이론조차도 예측하지 못한 최악의 종속"이라고 비판했겠는가. 그럼에도 김대중 정부는 경제개혁이라는 이름 아래 월스트리트, 미재무성, IMF의 삼각동맹 워싱턴 컨센서스가 지시하는 신자유주의 프로그램을 무비판적으로 수용했으니 답답할 노릇이었다. 특히 멀쩡한 한전을 사유화시켜 해외에 매각하지 못해 안달이니 제정신인지 의심스러울 정도였다. 전력산업을 민영화(사유화)했다가 단전사태라는 충격적 사태를 겪어야 했던 캘리포니아를 보고도 말이다.

백구촌에는 백구가 없다

경제위기의 증후들은 아르헨티나 사방에 널려 있었다. 부에노스아이레스 거리를 돌아 보고 있노라면 불황의 신음소리가 사방에서 들리는 듯하다. 특히 그것을 실감할 수 있는 곳이 아르헨티나 의류산업을 장악하고 있는 한인커뮤니티, 즉 백구촌이었다. 우리말 '백구'의 뜻을 생각하면 백구촌이 백구를 쳐 머리를 **빡빡** 민 사람들이 사는 마을이나, 흰 개들이 많이 사는 마을이라고 상상하겠지만 그것과는 거리가 멀다. 백구촌은 브라질에 이어 남미 최대의 한인 공동체가 형성돼 있는 부에노스아이레스의 한인촌을 부르는 별명이다. 그 지역이 백구(109)번 버스의 종점이기 때문에 이렇게 불린다고 한다.

1965년 농업이민으로 시작된 아르헨티나 이민자들은 한국과 전혀 다른 농업 환경에 적응하는 데 실패해 부에노스아이레스로 몰려들었다. 이들은 판자촌에 살다가 판자촌보다는 그나마 주거 환경이 낫고, 서민층 연립주택 단지가 있던 이 지역에 모여들기 시작했다. 그리고 가내수공업 형태로 현재 한인 공동체의 젖줄이 된 의류산업의 기반을 만들었다. 이제는 많은 한인들이 경제적으로 안정돼 좋은

인적이 드문 한인촌

동네를 찾아 주거지를 옮겼지만 아직도 적지 않은 한인들이 살고 있는 곳이다. 음식점, 식품점부터 노래방, 비디오 가게에 이르는 다양한 한국 상점들이 모여 아르헨티나 한인타운의 위상을 지키고 있다. 거리를 지나다보면 미국의 LA처럼 화려하지는 않지만 여기저기 한글 간판이 들어서 푸근한 느낌을 주고, 아르헨티나 정부가 제공한 차에 한글로 '방범'이라고 써놓은 흰색 방범차를 볼 수도 있다.

백구촌이 한인촌이라면 한인들이 일하고 있는 의류상가는 주로 온세와 아베자네다에 몰려 있다. 한인들은 한 달 월급을 주고도 옷 한 벌 사기 어려울 정도로 옷값이 비싸던 아르헨티나의 의류시장에 뛰어들어 특유의 근면함과 두뇌로 싸고 좋은 옷을 대량 공급해 의류 대중화에 기여하면서 시장을 장악했다. 이 두 지역에 모여 있는 한인 옷가게는 1천여 곳에 달하며 권리금 20만 달러에 월세 9천 달러를 호가하는 곳이 즐비하다.

그러나 한인 비지니스 역시 아르헨티나의 불경기로 고통을 받고 있다. 과거 초인플레 시절도 힘들었지만, 그때는 인플레에 맞춰서 빨리 뛰면 따라갈 수 있었다. 반면 현재는 매기가 없어 아무리 뛰어봐야 소용이 없고 가스실에서 서서히 질식당하는 기분이라는 게 현지 관계자의 설명이다. 다행히 외채연장협정이 최근 순조롭게 진행돼 외자라는 산소가 들어오기 시작했지만, 금융경제의 숨통이 트이는 것이 실물경제의 회복으로 이어지기 위해서는 상당한 시간이 필요하기 때문에 아직 낙관이 이르다고 한다.

이런 경제의 전반적 불황 이외에도 한국 가게에서 점원으로 일하던 볼리비아 출신들이 한국 가게에서 배운 노하우를 가지고 나가 벼룩시장 등에서 싼 가격으로 시장을 잠식한 것도 한인 비즈니스 불황을 불러왔다. 그래서 많은 사람들이 경기가 나은 멕시코 등으로 떠나면서 한때 4만 명에 달하던 한인 커뮤니티는 2001년 3만 명 수준으로 줄어들었다. 또 많은 시민들이 '그래도 먹는 장사는 밥은 안 굶는다'는 생각에 너도나도 요식업에 뛰어들어 식당 수가 근 1백여 개에 이르게 되었다. 그리고 이런 식당 난립과 과당경쟁의 결과로 아르헨티나 특유의 한국식당 문화가 자리잡기 시작했다. 일정액을 내면 있는 것을 다 내주는 초호화판 단일 메뉴제가 자리잡은 것이다. 그 덕에 아르헨티나는 미주 대륙, 아니 세계 어디에서도 같은 값에 가장 푸짐한 한식을 즐길 수 있는 곳이 됐다.

낮잠 자는 관광 자원

영토는 남한의 30배. 인구는 3천 5백만 명. 아르헨티나는 이처럼 적은 인구에 방대한 영토를 가진 좋은 조건의 나라이다. 특히 그 영토의 대부분은 팜파라고 불리는 목장지대이고 지하자원 역시 풍부하다. 다시 말해 아르헨티나는 미주 대륙에서 인구밀도가 가장 낮고 인구 1인당 자연적 조건이 제일 유리한 나라이다. 사실 면적 면에서는 라틴아메리카 최대국인 브라질보다 작다. 하지만 브라질이 주로 열대지역에 자리잡고 있다면 아르헨티나는 초원지대만이 아니라 열대 우림지대부터 안데스의 산악지대, 세계에서 유일하게 아직도 커지고 있는 페리토모레노 빙하를 비롯한 남부의 빙하지대까지 다양한 자연을 자랑하고 있다. 칠레의 푼타아리나스가 미주 대륙 최남단 도시를 자랑한다면, 아르헨티나는 푼타아리나스 남쪽에 티에라델푸에고 섬의 최남단 도시 우수아이아를 보유하고 있어 미주 대륙의 진짜 최남단 도시는 자신들이 갖고 있다고 주장한다.

라틴아메리카에서 남북으로 가장 긴 영토를 갖고 있는 칠레의 북쪽 사막지대를 제외하곤 남북으로 국경을 공유하고 있기도 하다. 그러나 아르헨티나는 외국인들이 여행하기에 좋은 곳이 아니다. 아르헨티나가 소위 아르헨티나병 때문에 천문학적인 인플레에 시달리다가, 위기극복을 위해 IMF식 신자유주의 정책을 급진적으로 받아들였기 때문이다. 특히 인플레를 잡기 위해 아르헨티나화와 달러를 1대1로 묶는 바람에 아르헨티나의 물가가 외국인들에게 비상식적으로 비싸다. 즉 아르헨티나의 경제 수준에 비해 달러 등이 말도 안 되는 대접을 받는다. 웬만한 호텔 방값이 2백 달러를 넘는 것은 보통이고 생수 1병에 3달러를 부른다. 인접한 칠레나 브라질에 비해 물가가 두 배 정도 비싼 편이다(2001년 경제위기 이후 바뀌었다).

그래서 남미의 주요 관광지인 이과수 폭포는 브라질과 아르헨티나가 모두 이 폭포를 접하고 있어 두 나라를 오가며 볼 수 있지만, 많은 관광객들이 브라질 쪽에 묵고 있다. 또 빙하지대인 파타고니아 관광을 할 때도 많은 사람들이 칠레 쪽을 선호한다. 이런 현상은 이과수 폭포의 아르헨티나 쪽을 가 보면 쉽게 알 수 있다. 그곳에는 관광객 유치를 위해 의욕적으로 건축을 하다가 기존 호텔 역시 손님이 없자 건축이 중단되고 버려진 많은 호텔 건축물들을 쉽게 볼 수 있다.

많은 문제점에도 불구하고 아르헨티나의 자연은 무척 아름다웠다. 그중 대표적인 것이 중남부 칠레로부터 아르헨티나로 이어지는 호수 지역. 칠레의 푸에르토몬트에서 1박 2일 동안 유람선과 버스를 이용해 호수를 건너고 안데스 산맥을 넘어 아르헨티나의 바리로체로 가면 세계에서 가장 아름다운 호수들을 볼 수 있다. 관광버스를 타고 푸에르토몬트를 떠나 아름다운 호수를 끼고 한참을 달리면 토도스로스산토스 호수에 도착한다. 이곳에서 유람선을 타면 일본의 후지산을 빼닮은 눈 덮인 오소르노 화산을 바라보며 빙하 지역에서나 볼 수 있는 초록색 호수를 가르면서 비경 속으로 미끄러져 들어간다. 그렇게 도착하는 곳이 국경 도시인 푸엘라. 이곳에서 하루를 보낸 뒤 버스를 타고 얼마를 가면 칠레 쪽 출입국 관리소가 나오고 여기에서 출국 수속을 하고 안데스 산맥을 넘으면 산꼭대기에 거대한 나무문이 나타난다. 칠레와 아르헨티나의 공식적인 국경으로 아무도 지키는 사람이 없지만 문 위에 쓰인 '아르헨티나에 오신 것을 환영합니다'라는 문구가 이곳이 국경임을 실감케 해준다.

안데스 산맥 내리막길로 내려가 호수에 도착하면 그곳에 아르헨티나 출입국 사무실이 자리 잡고 있다. 여기서 출입국 수속을 마치고 호수 지역 중 풍광이 가장 아름답다는 나후엘후아피 호수를 향해하게 된다. 풍광도 풍광이지만 호수 위에 나타난 무지개에 서서히 다가가 그 속으로 들어가는 기분은 말로 표현할 수 없다. 한 마디로, 1박 2일의 칠레-아르헨티나 호수횡단 코스는 지상에서 맛볼 수 있는 가장 아름다운 비경 중의 하나라고 할 수 있다. 그 호수 끝에 가까워지면 알프스가 나타나는데 왜 이곳 바리로체가 남미의 알프스라고 불리는지 이해할 수 있게 된다. 뛰어난 경치, 수상 스포츠와 스키 등

눈 덮인 오소르노 화산

아르헨티나와 칠레 국경
앞에 선 필자

다양한 레저를 즐길 수 있다는 이유로 세계적인 투기 자본가 조지 소로스부터 인기스타 아놀드 슈워제네거, CNN 설립자 테드 터너 등 세계적인 인사들이 이곳에 별장을 소유하고 있다. 지역적 특성이 스위스와 비슷해 독일계가 많이 이주해서 독일커뮤니티가 구성되어 있지만 건물들은 스위스풍이 대부분이다.

사실 이 지역을 비롯해 아르헨티나에는 독일계가 많다. 2차 대전 패전 후 아이히만을 비롯한 나치전범들이 왜 이곳에 망명을 와 숨어 있었는지 알 수 있었다. 그리고 그들이 이곳에 자리 잡는 과정에서 이미 오래전(1879~1883)에 '황무지 캠페인'이라는 이름 아래 유태인 학살 이상의 학살을 저질러 원주민들을 멸종시켰다는 것을 파타고니아 박물관에서 알 수 있었다. 낡은 흑백 사진 속에 박제처럼 남아 있는 마푸체족 등 원주민들의 사진을 보는 순간 마을 중심가에 세워져 있던 초기 정착의 일등공신이라던 대장의 동상이 떠올랐다. 백인 정착의 영웅으로 동상까지 세워진 그는 사실 수천 년 동안 이곳에서 살아온 원주민들을 약탈하고 학살한 학살자가 아닌가? 이런 생각을 하니 인디언 이름의 아름다운 호수와 자연들이 모두 슬프게만 느껴졌다.

이과수 폭포는 소개가 필요 없는 남미의 절경 중의 절경으로 일반적인 남미 단체관광에서 빠지지 않는 필수 코스이다. 파노라마 영화를 보는 것처럼 360도로 펼쳐진 폭포들의 도열을 보고 있노라면, 엘리자베스 여왕이 이 폭포들을 본 순간 왜 "불쌍한 나이아가라"라고 탄식했는지를 이해하게 된다. 한마디로 이과수는 나이아가라를 한 곳에 수십 개 모아 놓은 모습이다. 물론 이과수 폭포를 정면에서 바라볼 수 있는 곳은 브라질 쪽이다. 그뿐 아니라 브라질 쪽에서는 보트를 타고 이과수 폭포의 하이라이트인 악마의 목구멍 바로 밑에까지 다가가 폭포 밑에서 물벼락을 맞는 스릴을 맛볼 수 있다.

수많은 폭포 중 가장 거대한 폭포가 떨어지는 곳에 위치한 악마의 목구멍은 워낙 많은 물이 모여 떨어지면서 수증기가 올라가 구름이 생기고 폭우가 쏟아져 장마가 진다. '악마의 목구멍'이라는 이름은 인디언들이 이 현상을 보고 악마가 노한 것으로 믿고 붙인 이름이라는 설이 있다. 또 인디언 처녀를 사랑한 용의 이야기에서 비롯됐다는 설도 있다. 인디언 처녀가 남자와 사랑에 빠져 밤에 도망을 가자, 용이 이들을 추격하다가 갑자기 땅으로 솟구쳐 나온 자리가 바로 악마의 목구멍이며 그곳에 폭포가 생겨 두 남녀는 서로 바라보면서도 영원히 만날 수 없도록 폭포 위와 아래의 돌로 만들어버렸다는 것이다. 아르헨티나 쪽에서 본 이과수 폭포는 또 다른 맛이 있다. 배를 타고 폭포 가까이 가서 나무다리를 따라가면 위쪽에서 폭포가 엄청난 물보라를 일으키며 아래로 떨어지는 것을 바로 코앞에서 볼 수 있다.

그러나 아르헨티나 쪽의 관광자원은 사실상 놀고 있었다. 물론 관광객들이 아르헨티나 쪽 이과수도 방문하지만 그곳 물가가 터무니없이 비싸 대부분 브라질 쪽에 숙소를 정해 돈을 쓰고 아르헨티나 쪽은 잠시 관광만 하고 돌아가고 있었다. 그래서 여러 호텔, 식당들이 활기차게 움직이는 브라질과 달리 아르헨티나에는 폐가가 되어 버려진 호텔, 식당을 볼 수 있을 뿐이다. IMF식 신자유주의의 희생자들을 이과수 폭포에 와서도 실감할 수 있다니, 기대하지 않은 성과였다.

이과수 폭포 앞에 선 필자

이과수 폭포의 장관

폐론주의? 신자유주의?

칠레를 떠난 비행기는 아르헨티나의 수도 부에노스아이레스에 내려앉을 준비를 하고 있었다. 부에노스아이레스 시내를 내려다보며 3년 전, 즉 2001년의 여행이 생각이 났다. 군사독재를 무너뜨리고 등장한 메넴 정권이 월스트리트의 꼬임에 넘어가 신자유주의 프로그램을 수용하고 페소와 달러를 1대 1로 연계시킨 탓에 불황과 사회적 양극화를 겪은 아르헨티나를 목격했다. 게다가 물가가 너무 비싸 제대로 구경도 못 하고 허겁지겁 떠나야 했다. 특히 호텔에서 체크아웃을 하려다가 계산서를 받아 들었을 때의 놀라움은 아직도 생생하다. 짧은 국제전화 한 통화당 무려 1백 달러가 나온 것이다. 페소와 달러화를 연계시킨 것도 문제였지만 보다 근본적인 이유는 다른 곳에 있었다. 전화까지도 사유화시켜 외국에 판 후 아르헨티나가 세계에서 전화요금이 제일 비싼 나라로 변해버린 것이다. 이후 아르헨티나에 가는 사람을 만나면 절대 한국에서 가져간 전화카드 이외에 현지전화는 쓰지 말라고 신신당부를 해줬다.

그런데 결국 우려했던 사태가 터졌다. 지속되는 경제위기로 아르헨티나를 방문한 지 몇 달 지나지 않은 2001년 말에 중산층을 포함한 시민들이 들고 일어났고, 국가부도의 외환위기가 재연된 것이다. 1대 1로 묶었던 페소 대 달러를 무려 3.1 대 1로 평가절하하고 예금동결 조치까지 내려야 했다. 그러자 1997년 이후 거리점거 등 집단행동을 해온 실업자들은 물론 주부들까지 냄비를 두드리며 시위를 벌였다. 12월 19일, 20일에는 수백만 명이 거리로 나와 정부의 퇴진을 요구했다.

이들의 소요는 걷잡을 수 없게 확산되어 슈퍼마켓을 약탈하고 불을 지르는 등 무정부 상태로 발전했다. 놀란 델 라 루아 대통령(메넴의 후임)은 비상계엄을 선포했지만 저항은 계속됐다. 델 라 루아 대통령은 수십 명의 목숨을 앗아간 소요사태의 책임을 지고 임기를 반도 채우지 못한 채 중도에 사임해야 했다. 이어 2주일 동안 대통령이 5명이나 바뀌는 기이한 사태가 벌어졌다. 결국 아르헨티나 정부는 달러와 페소를 연계시킨 태환체제를 사실상 무력화하는 등 무비판적인 신자유주의 정책을 조금 수정하려는 노력을 보였다. 아르헨티나병이 강성노조와 복지국가, 개입국가 탓이라며 시장주의 처방을 강제해온 워싱턴 컨센서스와 신자유주의가 파탄한 것이다.

노벨경제학상 수상자인 조셉 스티글리츠와 『뉴욕 타임스』, 『파이츠낸셜 타임스』 같은 좌파와 거리가 먼 주류세력들까지도 IMF의 신자유주의 프로그램이 잘못됐다고 비판했다. 이와 대조적으로 국내보수(아니 수구)언론들은 엉뚱하게 "누가 에비타를 위해 울어주랴"라는 신파조의 시평을 통해 페론주의라는 포퓰리즘, 특히 노조와 과다한 복지제도를 문제 삼았으니 정말 한심하기 짝이 없는 노릇이다.

그 점에서는 김대중 정부와 노무현 정부로 이어지는 대한민국의 자유주의세력도 매한가지다. 아르헨티나의 교훈에도 불구하고, 그리고 날로 심화되고 있는 사회적 양극화에도 불구하고 노무현 정부는 김대중 정부가 무비판적으로 도입한 신자유주의를 수정하려는 노력을 전혀 보이지 않고 있다. 그뿐아니라 현재의 유례없는 사회적 양극화(진보적이라는 잘못된 이미지에도 불구하고 김대중, 노무현 정부는 전두환, 박정희보다도 사회적 양극화를 더 심화시킨, 역대 현대 정권 중 가장 반서민적인 정권이다)는 박정희 식의 개발독재형 양극화와는 전혀 질이 다른 신자유주의형이다. 그런데도 정부는 무비판적인 시장주의 수용 때문이 아니라 박정희 정권의 불균형 발전 때문이라고 변명하고 있다. 주류세력의 무지 덕분에 엄한 페론주의와 포퓰리즘이 한국에 와서 고생을 하고 있는 것이다. 2001년 여행이 신자유주의의 폐해를 몸소 체험한 여행이었다면 2004년 여행은 신자유주의 파탄 이후를 살펴본 여행이었다는 생각이 들었다.

피케테로와 5월 어머니회

2001년 아르헨티나 경제위기가 세계운동사에 새로 선사한 용어가 있다면 피케테로라는 말일 것이다. 피켓을 든 사람이라는 뜻의 피케테로는 2001년 이후 아르헨티나 사회운동의 상징이 됐다. 1976년 이후 아르헨티나를 지배해온 군사독재는 83년 붕괴됐다. 그러나 1989년 메넴정권이 본격화한 신자유주의 정책으로 50퍼센트의 공장들이 문을 닫아야 했고, 3천 7백만 명의 인구 중 근 40퍼센트에 달하는 1천 4백만 명이 극빈층으로 전락했다. 메넴정권의 태환법 등 신자유주의 정책은 금융수입자들의 배를 불린 반면 경제의 탈산업화를 불러와 실업자가 급증했다. 아르헨티나의 실업률이 공식적인 남미 평균인 10.3퍼센트의 두 배에 가까운 20퍼센트에 육박했고 사실은 30퍼센트를 넘어섰다는 점이 이를 잘 보여주고 있다.

경제위기의 산물인 피케테로 시위

2001년 경제위기 당시 아르헨티나의 실업자들은 신자유주의와 외환위기로 벼랑 끝에 몰리면서 거리로 나왔다. 바로 이들이 자신들의 요구조건을 적은 피켓을 들고 나와 피켓시위대라는 뜻의 '피케테로'로 불리게 된 것이다. 이들은 공장 밖으로 쫓겨난 실업자들이기 때문에 노동자처럼 파업으로 요구를 관철시킬 수 없었다. 따라서 생산이 아니라 유통과정 교란을 주요 전술로 채택했다. 즉 폐타이어 등에 불을 지르고 도로를 점거하며 도로를 봉쇄해 물류이동을 마비시킴으로써 체제에 타격을 줬다. 이들은 보다 체계적인 투쟁을 위해 실업자연맹이라는 조직적인 노동조합을 결성했다. 실업자들이 노동조합을 결성한 것은 유례없는 일로 고용노동자 중심의 노동운동에 변화를 준 혁명적인 사건이다. 많은 좌파 지식인들과 운동가들은 이들의 운동을 실업이 일상화되고 있는 신자유주의 시대에 새로운 운동 모델로 보고 많은 관심을 보였다. 나 역시 아르헨티나 방문의 주된 목적 중 하나가 '피케테로를 직접 보고 관찰하는 것'이라고 말할 수 있을 만큼 관심이 컸다.

거리에 나가자 길이 꽉 막혔다. 아르헨티나의 일상이 되어버린 피켓시위가 시작된 것이다. 마침 피케테로에 대해 박사학위 논문을 쓰고 있는 한 한국인 유학생을 만나 오늘의 시위는 무엇 때문이냐고 물었다. 무려 10만 명의 중산층이 인질범 소탕을 요구하는 대대적인 시위를 벌인다는 것이다. 경제위기가 심화되면서 생활이 어려워진 하층민들의 범죄가 크게 늘었는데 그 중 하나가 인질극이라고 한다. 특히 주된 피해자는 중산층이다. 평범한 중산층을 납치했다가 1백 달러를 받고 몇 시간 만에 풀어주는 인질극이 하도 자주 일어나 인질범 소탕을 요구하는 시위를 벌인 것이다. 10만 명, 그것도 중산층 10만 명이 참여하는 인질범 소탕 시위라니, 아르헨티나의 현실을 웅변적으로 보여주는 것 같았다.

시위대를 피해 돌아가려고 골목으로 들어가자 해고된 한 무리의 실업자 노조원들이 대기업 건물 앞에서 시위를 벌이고 있었다. 피케테로였다. 피케테로에 의해 델 라 루아 대통령이 중도 사임하는 등 이들의 힘이 세지자 페론당의 네스트로 키르치네르 현 대통령도 이들의 눈치를 볼 수밖에 없게 됐고, 시위는 날이 갈수록 거세졌다. 피케테로는 최근 들어 더욱 격해져서 맥도날드 체인점 9곳을 점거하는 등 다국적 기업에 대한 격렬한 반대시위를 벌이기도 했다. 그러나 동시에 피케테로의 권력화도 나타나고 있다고 한다. 피케테로의 실업자연맹은 정부가 실업자들에게 지급하는 실업연금을 위탁받아 관리하고 있는데, 실업연금의 수혜자격 판정 등과 관련해 권력화 현상이 두드러지게 나타나고 있는 것이다. 모두들 21세기의, 신자유주의 시대의 새로운 운동모델로 주목 하고 있는 모델이 5년도 안 되어 벌써 관료화되고, 부패하고 있다니 안타까운 일이다. 모든 운동은 궁극적으로 타락할 수밖에 없는 것일까. 요즈음 유행하는 자율주의자들의 주장처럼 조직화는 필연적으로 관료화, 제도화를 동반할 수밖에 없는 것일까.

무거운 심정으로 대통령궁 앞 5월 광장으로 발길을 돌렸다. 3년 전 날짜를 잘못 잡아 5월 어머니회 시위를 보지 못한 것이 아쉬워 이번에는 이들이 매주 시위를 하는 목요일에 반드시 부에노스아이레스에 머물도록 일정을 짠 것이다. 인권운동, 시민운동의 전범인 5월 어머니회 시위를 볼 수 있다고 생각하니 가슴이 뛰었다. 그런데 5월 광장은 3년 전과 달리 온통 텐트로 가득했다. 축소된 연금을 올려줄 것을 요구하는 퇴역군인들부터 각종 요구조건을 내건 농성자들의 텐트들이었다.

시계를 보자 오후 3시가 넘었다. 정확히 3시에 5월 어머니회의 시위가 시작되니 이를 보려면 서둘러야 했다. 대통령궁 앞으로 가자 5월 어머니회의 상징인 흰 스카프를 두른 어머니들이 나타났다. 4명의 어머니, 아니 백발의 할머니들은 '아직도 3만명 실종 중'이라는 플래카드를 들고 있었다. 아직도 끝나지 않은 군사독재의 인권침해에 대한 진상규명 요구였다. 10여 명의 5월 어머니회 회원들이 대형 플래카드를 들고 나타나 5월광장을 돌기 시작했다. 플래카드에는 '외채를 갚지 말라'는 구호가 써 있었다. 아르헨티나와 제3세계를 수탈해온 월스트리트의 금융자본과 신자유주의에 대한 전면적인 도전을 요구하고 있었다. 마음이 숙연해졌다. 그리고 피케테로의 관료화 이야기를 듣고 우

'외채를 갚지 말라!'

울했던 마음이 사라지며 희망이 솟아났다.

　거액의 금전적 보상, 기념물 건립, 사체발굴까지도 거부한 5월 어머니회

와 같은 운동이 있는 한 인류는 희망이 있다. 그러나 5월 어머니회의 이런 활

동과 정신도 영원할 수만은 없을 것이다. 그들의 흰 머리카락과 주름살을 볼

때 세계사에 길이 남을 전설적인 인권운동도 시간 앞에서는 무력하게 그 수명
을 다해가고 있다는 생각이 들어 안타깝기만 했다. 문제는 지구 어딘가에서
누가 그 정신을 계승하느냐일 것이다.

우리 사회에서 이를 계승할 만큼 비타협적인 운동은 없는 것일까?

비약하는 모습의
에비타 동상

에비타의 무덤

에비타와 탱고, 그리고 모레노

에비타를 성녀로 생각하는 사람과 창녀로 생각하는 사람.

아르헨티나에는 두 가지 사람만 있다는 말이 있다. 아르헨티나의 상류층은 에비타를 몸을 팔아 퍼스트레이디에 오르고 페론을 조종해 포퓰리즘 정책을 펴게 해 나라를 망친 하층 출신 창녀로 생각하고 있다. 그러나 다수 서민들은 자신들의 이웃으로, 복지와 애정을 선물한 성녀로 기억하고 있다. 최근 아르헨티나의 위기가 신자유주의 도입으로 인한 결과임에도, 한국의 보수언론들이 페론주의를 위기의 원흉으로 지목하고 있는 것을 생각하자 같은 한국인으로 페론과 에비타에게 미안한 생각이 들었다.

그래서 지난번에도 방문한 바 있지만 에비타의 유적을 다시 찾아가 보기로 했다. 가장 먼저 찾은 곳은 에비타의 무덤. 부에노스아이레스의 공동묘지에서 에비타의 무덤은 가장 인기있는 장소다. 그렇기 때문에 찾으려고 노력할 필요도 없이 사람들이 가는 곳을 따라가기만 하면 될 것 같았다. 역시 내 예측은 틀리지 않아 사람들을 따라가자 에비타의 무덤이 나타났다. 많은 사람들이 이미 그곳에 와서 에비비타를 추모하고 있었고 얼굴이 새겨진 구리 현판 옆에는 추종자들이 놓고 간 꽃들이 즐비했다.

문제는 에비타의 동상. 3년 전에도 택시를 타고 지나가다가 한 건물 앞 정원에 비약하는 것 같은 포즈의 여자 동상이 있는 것을 얼핏 보고 혹시 에비타의 동상이 아닐까 하는 생각에 찾아가 보니 에비타 동상이 맞았다. 택시기사도 이런 곳에 에비타 동상이 있는지 몰랐다고 할 정도로 잘 알려지지 않은 동상이었다. 아니나다를까, 에비타 동상 있는 곳으로 가자고 하자 다른 택시 기사들도 모른다는 것이다. 그래도 고생 끝에 에비타 동상을 알아내 다시 찾아갈 수 있었다. 자신을 둘러싼 논쟁을 아는지 모르는지 에비타는 여전히 상체를 앞으로 기울이고 도약을 꿈꾸고 있었다.

환율에 혼이 났던 지난 여행과 달리 이번 여행은 여유가 있어 탱고도 구경하는 호사를 누리기로 했다. 사실 탱고를 보지 못하고 아르헨티나를 봤다고 할 수는 없지 않은가. 관광객들을 위해 화려하게 변신시킨 극장식 공연장 '미스터 탱고'의 탱고는 탄성이 절로 나오는 기가 막히게 관능적인 공연이었다. 그러나 탱고는 원래 빈민지역에서 생겨난 서민의 춤이다. 그 점을 생각해 동네바에서 공연하는 싸구려 공연을 다시 보기로 했다. 무대랄 것도 없이 테이블 옆에서 3류 댄서들이 추는 탱고는 또 다른 맛이었다. 그런데 그보다 나를 사로잡은 것은 노랑, 빨강, 파랑 등 원

한 카페의 탱고 공연

원색으로 칠한 양철 주택들

색으로 촌스럽게 벽을 칠한 인근의 양철 주택들이었다. 고등학교 때까지만 해도 화가가 되려고 생각했기에 너무도 멋있는 원색의 향연들에 넋이 빠져 카메라 셔터를 연신 눌렀다. 재미있는 것은 이런 건축물이 생긴 이유다. 가난했던 동네 사람들이 집 벽을 칠할 페인트를 구하지 못해 근처의 조선소에서 쓰다 남은 페인트를 주워다가 분량이 되는대로 칠하다 보니 이런 명물이 탄생했다는 것이다.

지난 여행 때 가지 못한 아르헨티나 쪽 파타고니아에 가보기로 했다. 마

아르헨티나쪽 파타고니아의 모레노 빙하

음 같아서는 다윈이『종의 기원』에 대한 영감을 많이 얻었다는 남아메리카 최
남단의 섬 티에라델푸에고에 가고 싶었지만 일정상 그럴 수가 없었다. 할 수
없이 아직도 커지고 있는 몇 안 되는 빙하 중 하나인 모레노 빙하로 향했다.
몇 시간 동안 비행기를 타고 자동차로 이동한 끝에 나타난 것은 푸른색의 거
대한 병풍이었다. 높이 50미터의 푸른색 빙하들이 무려 3킬로미터나 긴 병풍
을 이루며 늘어서 있는 모습은 정말 입을 다물지 못하게 했다. 그리고 눈을 감
자 가끔 얼음 조각 부서져 내리는 소리가 장엄하게 들렸다. 문제는 모레노 빙

하 역시 최근 들어 지구온난화로 성장에 문제가 생기는 등 변화를 겪고 있다는 것. 자본주의와 현대문명의 탐욕이 언제까지 지구를 파괴할 것인지 걱정하니 갑자기 우울해졌다.

빙하탐험에서 돌아온 파타고니아의 호텔에서는 잊지 못할 체험을 했다. 그것은 '말벡 레세르바'라는 약간 고급스러운 아르헨티나 와인이었다(식당에서 50달러를 받는 와인이니 우리의 기준으로는 고급스러운 것도 아니다). 아르헨티나 와인에 대해서는 전혀 지식이 없었는데, 맛의 깊이가 유명한 칠레 와인을 비롯해 내가 먹어본 와인 중에서 최고였다. 식당 매니저에게 이렇게 맛있는 와인이 있는데 왜 세계적으로 알려져 있지 않느냐고 묻자 맛있는 것은 수출하지 않고 자신들이 먹는다고 말했다. 외국인에게 오히려 비싼 요금을 징수하는 중국과 비슷한 대국적 자신감이랄까, 자기중심주의 같은 것이 느껴지는 답변이었다.

여행 당시에는 별로 느끼지 못했지만 아르헨티나도 브라질과 마찬가지로 중국 때문에 한시름 놓고 있다. 중국이 대두 등 1차 상품을 엄청나게 수입하면서 아르헨티나 경제에 다소 숨통이 트인 것이다. 심지어 외채를 조기 상환하겠다는 의사를 밝히는 놀라운 일이 벌어지고 있다.

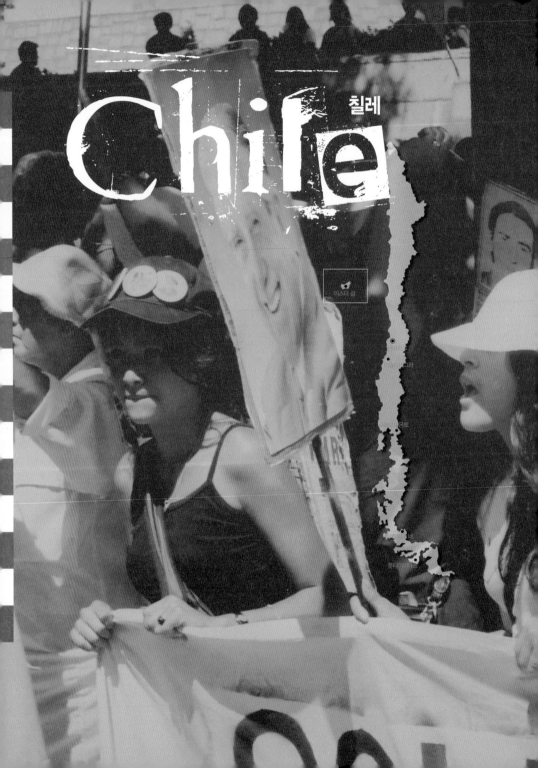

Chile

칠레

이스터 섬

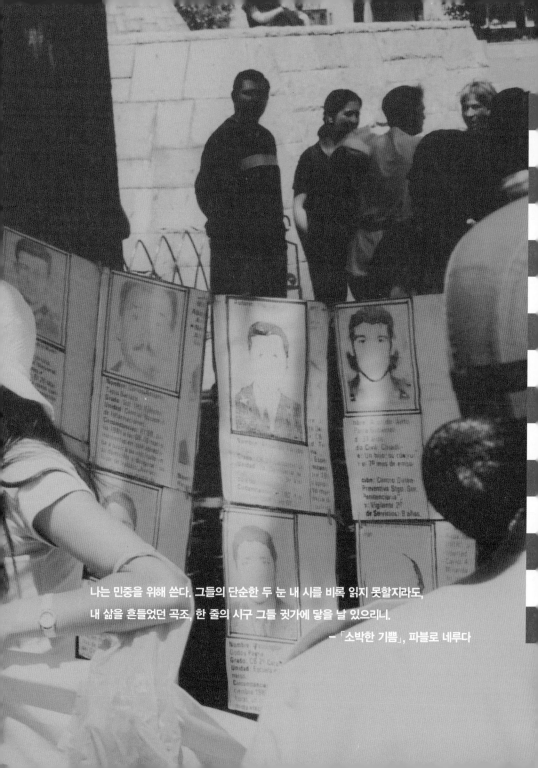

나는 민중을 위해 쓴다. 그들의 단순한 두 눈 내 시를 비록 읽지 못할지라도,

내 삶을 흔들었던 곡조, 한 줄의 시구 그들 귓가에 닿을 날 있으리니.

— 「소박한 기쁨」, 파블로 네루다

인간 백정의 말로

"인간 백정을 구속하라."

　　2001년 봄, 칠레의 수도 산티아고에서는 많은 사람들이 경찰 저지선을 뚫기 위해 몸싸움을 하고 있었다. 인간 백정은 이제 칠레뿐 아니라 국제적으로도 누구를 말하는지 설명할 필요가 없을 정도로 거의 고유명사가 된 말이다. 바로 실각한 칠레의 독재자 피노체트다.

　　칠레는 '남미의 영국'이라고 불릴 만큼 유럽풍 문화가 발달된 나라다. 또한 구리 광산의 노동조건이 열악하며, 계급 문제를 중화시킬 수 있는 인종 문제가 없어 남미에서 유럽식 계급정치가 가장 발달한 나라이기도 하다. 그래서 1970년대 초에는 남미 최초로 사회주의 세력이 선거를 통해 집권했다. 공산당과 좌파연합을 구성해 선거에서 승리한 사회당의 살바도르 아옌데 대통령은 미국 기업이 독점해온 구리광산을 국유화하는 등 과감한 개혁을 펴나갔다. 그러자 미국은(최근 해제된 비밀문서가 입증해 주고 있듯이) CIA를 통해 아옌데 정권을 무너뜨리기 위한 쿠데타를 지원하기 시작했다. 미국의 공작에 따라 쿠데타를 일으킨 장본인은 아옌데 대통령의 신임을 얻어 육군 참모총장에 앉은 피노체트였다. 아옌데는 피노체트가 동원한 전투기가 대통령궁을 폭격하고 탱크가 포격을 가하는 속에서 저항하다 목숨을 잃어야 했다.

　　정치영화의 대가인 코스타 가브라스 감독의 <실종> 에서 보여주듯이 권력을 장악한 피노체트는 남미 현대사에서 가장 잔인한 피의 숙청을 단행했다. 수만 명이 목숨을 잃어야 했고 수십만 명이 망명을 떠나야 했다. 칠레 저항음악의 상징 빅토르 하라는 축구장에 잡혀와서 정치범들을 노래로 격려하다 그 자리에서 사살됐고, 노벨문학상에 빛나는 파블로 네루다 역시 쿠데타의 충격에 쓰러져 숨을 거둬야 했다. 종신 대통령이 된 피노체트는 철권통치로 칠레 사회를 공포로 몰아갔다. 수많은 젊은이들이 어느 날 갑자기 끌려가 사라지기도 했다. 피노체트는 여기에서 그치지 않고 워싱턴에 망명 중이던 아옌데 시절의 전 미국 대사를 대낮에 폭탄테러로 죽이는가 하면, 스페인이나 이탈리아에도 테러단을 보내 반대 세력을 제거했다. 특히 워싱턴 사건은 미국 땅에서 발생한 최초의 테러였지만 미국 정부의 비호로 오랫동안 법적 심판을 피해왔다. 그러나 결국 피노체트의 발목을 잡는 악재가 되고 말았다.

80년대 민주화 물결이 칠레에도 밀어닥치자 국민적 지지를 과신한 피노체트는 대통령직을 국민투표에 부쳤다가 패배하고 만다. 따라서 대통령직을 내놓지만 종신 상원의원직은 유지한 채 막강한 영향력을 행사했다. 특히 군에 대한 지배는 변함이 없었다. 문제는 엉뚱한 곳에서 터졌다. 지병을 치료하려고 대처 시절 절친한 관계를 유지해온 영국을 찾은 것이 화근이었다. 유럽에서 저지른 테러와 관련해 스페인 법원이 피노체트의 신병 인도를 영국에 요구하면서 피노체트 처벌 문제가 국제적 쟁점으로 떠오른 것이다. 국제적 여론에도 불구하고 간신히 신병 인도를 피해 칠레로 돌아왔을 때 상황은 이미 변해 있었다. 국제 여론의 영향으로 국내에서도 피노체트를 처벌하자는 목소리가 높아진 데다

비운의 대통령 아옌데의 동상

영국에 억류돼 있는 동안 주요 권력기관에 대한 장악력이 현저히 떨어져버린 것이다. 엎친 데 덮친 격으로 아옌데 대통령 시절 좌파연합에 참여한 사회당의 리카르도 라고스가 대통령에 당선돼 좌파 정부가 들어섰다. 칠레에서 피노체트를 맞은 것은 유가족들이 제기한 여러 소송이었다.

피노체트는 모든 학살이 현지 지휘관이 저지른 짓이어서 자신은 모르는 일이라고 발뺌했다. 스스로 무덤을 파는 행위였다. 비겁하기 짝이 없는 발뺌에 화가 난 지휘관들이 피노체트가 학살을 지시했다고 증언하고 나선 것이다. 헬기를 타고 전국을 돌며 반대세력을 납치해 처치한 '죽음의 카라반' 부대 만행 사건을 맡은 후안 구스만 특별판사는 출두명령을 내렸다. 다급해진 피노체트는 고령과 치매를 이유로 면책을 요구하고 나섰지만 구스만 특별판사는 이런 요구를 무시하고 그를 가택 구속에 처했다. 도저히 가능하리라고 생각하지 못하던 일이 벌어진 것이다.

그러나 아직 낙관은 이르다. 아직도 대통령이 인사권을 갖지 못하고 있고 일부 피노체트 지지세력은 구스만에 대해 "바람을 일으킨 자가 태풍을 거두리라"고 협박하고 나섰다. 상류층과 기득권층의 저항 역시 만만치 않아 칠레 법원은 피노체트에 대한 혐의 중 살인 등 일부 주요 범죄에 대해 기각 조치를 내렸다. 또 유가족이 피노체트의 처벌을 요구하는 시위를 벌이고 있지만 피노체트의 오랜 공포정치에 길들여진 국민들은 아직도 의견 밝히기를 두려워하고 있었다. 한국은 군 장성 출신의 전직 대통령을 두 명이나 구속했다고 이야기 해주면 그들은 믿어지지 않는다는 표정을 지으며 부러워했다. 김영삼 전 대통령이 많은 잘못을 했지만 전두환과 노태우를 처벌한 것만은 제3세계에서

살바도르 아옌데와 파블로 네루다

아옌데 무덤 앞에서

찾아보기 어려운 업적이라고 할 수 있다.

공산권이 몰락한 뒤 전통적인 이데올로기가 힘을 잃은 21세기 정치의 핵심은 '인권'이다. 칠레는 '인권의 정치'로 나아가기 위한 중요한 기로에 놓여 있다. 그러나 피노체트 처벌과는 상관없이 칠레의 민주화는 되돌릴 수 없는 루비콘강을 건넜다. 아옌데의 복권이 이것을 잘 보여주고 있다. 비운의 정치인 아옌데 대통령은 이제 완전히 복권됐다. 쿠데타 당시 목숨을 잃은 그는 당시의 탄흔이 그대로 남아 있는 대통령궁에서 그리 멀지 않은 중심가에 동상으로 다시 나타났다. 게다가 묘지에도 장엄한 기념비가 들어섰다기에 택시를 잡아탔다. 아직도 사람들이 아옌데와 피노체트 문제를 언급하기 꺼려 하는 상황에서 동양에서 온 이방인들이 사회주의자인 아옌데의 묘지로 가자고 하자, 택시기사는 인상을 쓰면서 노골적으로 불쾌함을 표시했다. 우여곡절 끝에 아옌데의 기념비 앞에 서서 묵념을 올렸다. 비명에 목숨을 잃은 좌파정치인의 명복을 빌면서 피노체트가 아직도 건재하지만 아옌데의 기념비가 버젓이 세워졌으니 그래도 역사는 진보한다는 생각을 했다. 동시에 50년대 진보당의 조봉암 등 극우 정권에 희생된 우리의 진보적 정치인들은 언제나 복권될 수 있을까 안타까운 생각을 지울 수 없었다.

2004년 칠레 고등법원은 1973년 쿠데타 이후 아르헨티나에 망명 중이던 전 육군사령관 부부가 탄 차에 폭탄을 설치해 암살한 혐의와 관련, 피노체트의 면책특권을 박탈하기로 결정했다. 뿐만 아니라 구스만 특별판사는 문제의 카라반 부대의 불법 납치와 살인혐의로 최근 피노체트를 기소했다. 의사 세 명이 조사한 결과 피노체트가 고령에도 불구하고 재판정에 출두해 재판을 받을 수 있을 만큼 충분히 건강하며, 피노체트가 마이애미 텔레비전과 한 인터뷰를 분석한 결과 지적으로도 아무 문제가 없다는 것이 특별판사의 설명이다. 결국 칠레법원은 2005년 10월 피노체트를 법정에 세우기 위해 신경검사와 정신병 테스트를 받도록 명령하는 등 사법처리 절차에 들어갔다. 그리고 이런 조치와는 별개로 사법당국은 부인과 아들을 5백만 달러로 해외 도피시키고 거액의 세금을 탈세한 혐의로 2005년 8월 체포해 기소한 바 있다. 따라서 인간백정 피노체트는 뒤늦게 재판정에 서 법의 심판을 받을 가능성이 커졌다.

피노체트는 2006년 11월 26일 아흔한 번째 생일을 가택연금 상태에서 맞았다. 고문, 납치와 탈세혐의로 기소된 상태이기 때문이다. 피노체트는 자신의 생일을 맞아 발표한 성명서에서 아옌데 정권을 무너뜨린 자신의 쿠데타는 정당했다고 주장했다. 또 군이 칠레를 전체주의의 위협으로부터 막았다며 군부통치 기간에 벌어진 인권유린에 대한 재판을 비판했다. 그는 또 "생애의 마지막 나날에 이른 오늘 누구에 대해서도 원한을 갖지 않고 있으며 일어난 모든 일에 대해 정치적 책임을 지겠다"는 입장을 밝히면서 전혀 반성의 빛을 보여주지 않았다. 그리고 이로부터 보름도 지나지 않은 2006년 12월 피노체트는 숨을 거두고 말았다. 이런 소식의 전해지자 피노체트 아래서 인권유린을 당한 피해자들뿐만 아니라 법의 심판이 내려지기를 기다려온 많은 사람들이 땅을 치며 분통해 했다. 인권을 위해 투쟁해온 세계의 민주인사들이 한 독재자의 죽음을 이처럼 안타까워 하기는 아마도 피노체트가 처음일 것이다.

고도 중의 고도, 이스터 섬

"우리는 무엇이고 어디에서 왔으며 또 어디로 가는 것일까."

　　세계적인 화가 폴 고갱은 어느 날 갑자기 파리 생활을 정리하고 타히티 섬으로 돌아가 때묻지 않은 타히티 여인들을 주제로 많은 명작을 남겼다. 그 시절의 작품 중 대표적인 작품 제목이 바로 이런 존재를 향한 물음이다.

　　억겁의 세월을 보내며 1미터 두께로 자라 사람이 올라서도 끄떡없는 이 끼. 그 이끼로 뒤덮인 진녹색 호수, 눈이 시리도록 끝없이 펼쳐진 푸른 태평양을 바라보자 이곳 이스터 섬에 오기 위해 LA를 떠나 무려 18시간을 날아온 여행의 피로가 말끔히 사라졌다. 그리고 나도 모르게 폴 고갱의 작품 제목처럼 <우리는 무엇이고 어디에서 왔으며 어디로 가는 것일까>라는 물음이 온 몸을 엄습했다. 바다를 등지고 서 있는 거대한 석상으로 유명한 이스터 섬은 칠레의 영토라고는 하지만 육지에서 3천 7백 킬로미터나 떨어져 있어, 산티아고에서도 비행기로 5시간 넘게 날아가야 하는 고도다. 이 섬은 서쪽으로는 타히티에서 4천 킬로미터, 동쪽으로는 아메리카 대륙에서 3천 7백 킬로미터나 떨어진 오지 중의 오지이기도 하다. 이 섬의 정상에 서면 버둥거리며 살아가는 우리의 하루하루가 너무도 초라하게 느껴져 모두 철학자가 되지 않을 수 없다. 이스터 섬은 개인적으로 여행한 여러 나라 중 이집트와 함께 최고의 여행지로 꼽는데 꼭 가보라고 추천해주고 싶다. 현지에서 갓 잡아 냉동하지 않은 참치회와 올리브유 샐러드를 먹고 난생 처음으로 음식을 먹으면서 오르가즘을 느꼈고 눈물을 흘리기도 했다. 음식 맛에 눈물을 흘릴 수 있다니 정말 상상할 수도 없었던 색다른 체험이었다. 다만 한국에서 떠날 경우 30시간 이상 비행기를 탈 각오를 해야 한다.

원래 이름은 큰 섬이라는 뜻의 '라파누이'지만 유럽 탐험대가 부활절에 발견했다고 해서 이스터 섬으로 불리게 됐다. 이 섬에는 외부 세계와 철저히 격리된 고도에 거대한 석상들이 세워져 있어 고대 문명의 경이 중 하나로 주목받아 왔다. 덕분에 인구 2천 8백 명에 면적 1백 80평방킬로미터에 불과한 이 작은 섬에 연간 3만 명의 관광객이 방문하고 있다고 한다. 하지만 비행편과 숙박 능력의 한계로 많은 사람들이 찾지는 못하고 있다. 이스터 섬은 여러 면에서 제주도를 연상시킨다. 화산섬이라는 것부터 화산석을 쌓아올린 돌담, 넓은 초원과 방목하고 있는 말들, 분화구의 호수, 화산석으로 만든 석상까지. 특히 이스터 섬의 돌하르방인 모아이는 이 섬이 또 다른 제주도라는 생각을 하게 만든다.

안내를 해준 한 젊은 라파누이인은 이스터 섬이 제주도를 닮았다는 내 설명을 들으며 돌하르방 이야기에 공감을 표시했다. 빅타 이카라는 이름의 이 젊은이는 첫날 관광을 시작하면서 내가 사진을 찍으려고 카메라를 꺼내자 카메라에 써놓은 한글(미주 한국일보에서 빌려온 카메라였다)을 보고 느닷없이 "한국일보 경제부"라고 말해 나를 깜짝 놀라게 했다. 한국말은 잘 못하지만 태권도를 배워 한글은 읽을 줄 알며 자신들의 전통음악을 연주하러 한국을 방문하기도 했다고 한다. 이 오지 중의 오지에서 한글을 읽을 줄 아는 라파누이인을 만나다니…… 세계가 정말 작아지고 있다는 생각이 들었다.

라파누이의 역사는 아직도 미스터리로 남아 있다. 이 섬에는 페루에서나 볼 수 있는, 종이 한 장 안 들어갈 정도로 빽빽하게 돌을 쌓아 만든 돌벽이 있다. 또 최근 페루의 한 학자가 갈대 뗏목으로 대륙에서 이 섬까지 항해를 해 아메리카 대륙 기원설을 입증하려 하고 있지만, 언어, 인종, 문화 등 여러 면에서 라파누이 사람들은 폴리네시안으로, 서쪽에서 왔다는 것이 정설이다. 그러나 라파누이인들은 자신들이 히바라는 미지의 땅에서 왔고, 그곳은 사라진 아틀란티스일 수도 있으며, 히바에서 가져왔다는 돌로리로라는 식물은 지구상 어디에도 없고 이 섬에만 있다고 이야기한다. 그리고 모든 모아이 석상이 바다를 등지고 육지를 보고 있는 반면 처음 히바에서 이 섬에 도착했다는 7명을 기린 석상의 경우 원래의 고향 히바를 그리는 마음에서 바다를 향하고 있다고 말한다.

4세기 무렵 이 섬에 정착한 원주민들은 풍요한 땅에 감자, 바나나, 포도, 아보카도 등을 재배하며 인구를 늘려갔다. 9세기를 전

이 석상들은
어디를 보고 있는 걸까

후해 문제의 모아이를 만들기 시작했고, 인구도 계속 늘어 네덜란드 배가 이 섬을 처음 발견한 1722년 당시 1만 5천 명에 이르렀다. 그러나 1825년 유럽 배가 다시 이곳을 방문했을 때는 많은 석상들이 쓰러져 있었고, 1868년 영국인 의사가 이곳을 찾았을 때는 모든 석상들이 다 땅에 쓰러져 있었다. 이유는 정확히 알려지지 않고 있지만, 지진 같은 재앙이 발생해 조상을 섬기기 위해 만든 모아이를 라파누이인들이 더는 믿지 않게 되었다는 설이 있다. 그리고 인구가 계속 늘어나 생태적 균형이 깨진 데다 석상을 만드느라고 나무를 다 베어버려 카누를 만들 수 없게 되자 어업에도 문제가 생겨 제한된 식량을 놓고 내전이 벌어진 것으로 추정하고 있다. 게다가 노예사냥꾼들이 섬을 습격, 대다수 주민을 노예로 잡아가면서 인구가 1백 9명까지 줄어들었다. 이렇게 황폐해진 이스터 섬을 칠레가 영토로 삼고 원주민 보호정책을 펴자 다시 2천 명 정도로 주민이 늘어났다. 또 일본의 한 크레인회사가 크레인 선전영화를 찍는 조건으로 석상을 복구하기도 했다.

아직도 미스터리로 남아 있는 석상은 우주인이 만들었다는 둥 추측이 난무하지만 실제로 정확한 건설 과정이 거의 밝혀졌다. 최고 높이 20미터에 무게 20톤에 이르는 이 석상은 현재 2백 50개가 남아 있는데 4백여 개의 미완성 석상들이 모여 있는 채석장이 발견됐기 때문이다. 먼저 돌에 석상의 앞면을 조각한 뒤 등 부분을 파내고 석상을 분리한 뒤 목에 밧줄을 매 경사면을 이용해 아래로 서서히 내려 보낸다. 그러다가 석상이 들어가도록 파 놓은 구멍에 석상의 아래 부분이 빠지게 해 세운 다음 뒷면을 조각한 것을 알 수 있다. 사실 석상 제작도 그렇지만 운반방법은 더욱 알 수 없었는데, 최근 기차 레일처럼 돌을 두 줄로 깔고 규칙적으로 구멍을 낸 돌 레일이 발견됐다. 따라서 이 구멍에 나무를 넣어 지렛대 방식으로 석상을 운반한 것으로 추정되고 있다. 석상 하나를 만드는 데 1년이 걸린다는데 인구 1만여 명의 작은 섬에서 이렇게 거대한 석상을 1천 개나 만들었다는 것이 놀라웠다. 하지만 결국 지나친 석상 제작, 즉 우상 숭배가 생태 균형의 파괴로 이어져 한 사회의 파멸을 가져 왔다는 사실이 의미심장하게 다가왔다.

대륙의 끝, 파타고니아

칠레는 남미 국가 중 유일하게 태평양과 대서양을 함께 접하고 있는 나라다. 아메리카 대륙의 끝인 마젤란 해협이 태평양과 대서양을 연결하고 있기 때문이다. 산티아고를 떠나 3시간 반 동안 비행기를 타고 도착한 곳은 대륙의 최남단 도시인 푼타아레나스. 공항에 내리자, 남극의 거센 바람 때문에 옆으로 누운 티에라델푸에고 섬의 나무들과 비슷한 나무들이 늘어서 있어 남극 지역에 온 것을 실감케 했다. 시내에 들어가자 거대한 마젤란 동상이 우리를 맞아줬다. 서구의 팽창과 정복은 비판받아

마젤란 동상

야 하지만 지구를 돌기 위해 수백 년 전에 거센 파도를 헤치고 이 먼 곳까지 찾아온 마젤란의 모험심에 대해서만은 존경의 마음을 갖지 않을 수 없었다.

호텔에 짐을 풀고 지역 박물관을 찾아 멸종해버린 이곳 인디언들의 사진을 보다가 놀라운 사실을 발견했다. 이 지역 인디언들은 유목수렵 생활을 하던 인디언들과 최남단 빙하 지역에 살던 인디언들로 나뉜다. 그런데 용모나 생활양식이 가까운 곳의 페루 인디언들과는 차이가 있고, 앞의 경우 미국의 인디언들을, 뒤의 경우 알래스카의 인디언인 에스키모족을 너무도 닮았다는 사실이었다. 곰곰이 생각해보니 페루와 멕시코 인디언은 농경생활을 하고 많은 인구가 모여 살며 왕국을 만든 반면, 이곳 인디언들은 수렵생활을 했기에 많은 인구가 모여 살 수 없었다는 점에서 미국의 인디언, 그리고 알래스카의 에스키모와 가까웠던 것이다. 결국 이런 자연조건과 생활조건의 공통점 때문에 멀리 떨어진 북아메리카 인디언들과 비슷해진 게 아닌가 싶었다. 마치 동심원의 원리처럼 중간의 멕시코와 페루가 비슷하고, 멕시코 북부의 미국 지역과 페루 남쪽의 칠레 남중부 지역 인디언이 비슷하고, 북미 최북단의 에스키모와 남미 최남단의 인디언들이 비슷한 꼴이다.

푼타아리나스를 끼고 도도히 흐르는 마젤란 해협 앞에 서서 아메리카 대륙을 돌아 대서양에서 태평양으로 들어서고 있는 유조선을 보고 있자니, 그리고 다윈이 머물면서 진화론을 만들어낸 해협 건너편의 티에라델푸에고 섬을 바라보고 있자니, 며칠 전 이스터 섬에 섰을 때와는 또 다른 묘한 감동이 온몸을 전율케 했다. 전라남도 최남단 지역인 해남에 땅끝 마을이 있다지만 이곳은 아메리카 대륙의 끝이니 정말 큰 땅끝 마을에 서 있는 셈이다. 마젤란 일

라틴아메리카 최남단의 펭귄들

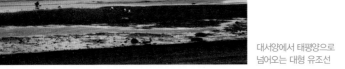

대서양에서 태평양으로
넘어오는 대형 유조선

행이 처음 도착했을 때 거대한 사람의 발자국을 발견해 파타고니아(큰 발자국이라는 뜻)라는 이름을 붙인 이 지역에서는 많은 관광상품에 '세계의 끝The End of the World'이라고 써 놓았다. 사람이 살기 어려운 척박한 환경 탓인지 사방에 동물들이 즐비했고 특히 일렬로 줄을 맞춰 행진하는 펭귄들의 행렬은 특별한 경험이었다. 탐욕에 찌든 인간들의 환경 파괴가 없는 곳에서만 동물들이 번성할 수 있는 것일까.

파타고니아의 명소는 북아메리카에서 가장 아름답다는 캐나다 록키 산맥보다 더 아름답고 거기에다가 알래스카를 더해놓은 것 같다는 토레델파이네 국립공원(2001년 여행 때는 몰랐는데 2004년에 반대쪽인 아르헨티나 파나고니아를 여행하면서 이 산 이름이 칠레 쪽에서 부르는 토레델파이네가 아니라 아르헨티나에서 부르는 세레토레로 널리 알려져 있다는 것을 일행 중 등반을 좋아하는 교수로부터 들을 수 있었다). 알래스카에서 시작돼 캐나다의 록키 산맥, 그리고 미국의 록키 산맥를 거쳐 남미의 안데스 산맥으로 이어지는 대륙의 등뼈인 중심 산맥, 즉 아메리카 대륙의 백두대간이 끝나는 곳이 바로 이 공원이다. 푼타아리나스를 떠나 포장이 되지 않은 덜컹거리는 길을 따라 8시간을 달려가면 안데스 산맥의 종착지 토레델파이네 국립공원이 나타난다. 인디언말로 '푸른 탑'이라는 뜻을 가진 이 산은 기이한 모습의 산들에 수천만 년이 된 빙하들이 뒤덮여 푸르게 보인다. 빙하에 섞인 독특한 성분 때문에 아름답기 짝이 없는 녹색 강물과 기이한 모습으로 이어진 산봉우리들, 그리고 하늘을 얼려놓은 것처럼 푸른 태초의 자연을 간직하고 있는 빙하들을 보고 있자니 긴 여행의 피곤함이 단번에 사라졌다. 세계적인 산악인들이 왜 산에 미쳐 오지의 산을 오르는지 이해할 수 있게 됐다. 문제는 급속히 진행되고 있는 환경파괴 속에서 자연을 어떻게 지키느냐는 것이다. 이 지역을 생활본거지로 해서 살던 옛 인디언의 말이 가슴을 두드렸다.

"지구가 인간에 속한 것이 아니라 인간이 지구에 속해 있을 뿐이다."

마른 키다리가 좋은 이유

폭은 우리나라의 3분의 2 수준에 불과한 1백 50킬로미터, 길이는 서울—부산의 무려 10배인 4천 5백 킬로미터. 한마디로 비썩 마르고 키만 무지하게 큰 나라가 바로 칠레다. 그러나 남북의 길이가 엄청나게 길다는 점은 다른 나라가 갖지 못한 장점을 가져다준다. 북으로는 페루의 국경과 이어지는 세계에서 가장 건조한 사막지대부터 중부의 온대지방, 그리고 남으로는 세계에서 가장 아름다운 호수들이 모여 있다는 호수지대, 그리고 더 남쪽으로 파타고니아라고 불리는 대륙 최남단 빙하지대에 이르는 다양한 기후대의 풍부하고 다양한 자연을 가질 수 있다는 것이다. (2001년 여행에서 중부의 산티아고 지역은 말할 것도 없고 오지 중의 오지 이스터 섬부터 호수지대, 그리고 파타고니아까지 여행을 했으니 북부의 사막지대만 보면 칠레 구경은 졸업할 수 있다고 생각했다. 그러나 일정 때문에 2004년 여행에도 북부는 구경하기 어렵게 된 것이 아쉬웠다.)

마르고 긴 국토의 특징 때문에 칠레는 비슷한 수준의 나라 중 유일하게 남북을 가로지르는 국도를 아직 갖지 못한 나라다. 남부 빙하지대에는 도로를 낼 수 없기 때문에 국도가 없고 비행기와 배가 주된 교통수단이다. 게다가 이 긴 영토에 1천 5백만 명에 불과한 인구가 흩어져 살고 있기 때문에 전선과 전화선 설치가 어려워 대도시 지역을 빼면 전기는 자가발전기, 전화는 무선전화에 기대는 특이한 나라다. 그뿐 아니라 인구가 적어 공장을 세워도 제품 수송에 어려움이 많아 수입을 하는 게 더 경제적이기 때문에 많은 공산품들을 수입에 의존하고 있다.

우리 농민들의 격렬한 반대에도 불구하고 체결된 한-칠레 자유무역협정 FTA 체결 100일을 맞아 찾아간 칠레. 인구가 적고 마르고 긴 체형으로 국토종단 국도조차 없다는 특징이 정치경제학적으로 어떤 의미를 가지고 있는가를 실감했다. 칠레자동차협회 회장으로 현대와 기아자동차 판매업을 하고 있는 유력 칠레 기업가를 만나 한-칠레 자유무역협정 효과로 자동차 등 한국 공산품 판매가 늘어나고 있다는 설명을 들을 수 있었다. 그런데 그의 사무실을 나오면서 왜 칠레에는 한국과 달리 한-칠레 FTA에 반대하는 운동이 없을까 하는 의문이 들었다.

한국의 농민들이 칠레 농산품 때문에 자신들의 생존기반이 파괴되는 것을 우려해 반대운동을 했다면, 칠레의 자동차 회사, 전자업체에서도 한국 공산품이 몰려올 FTA를 반대해야 하는데 그렇지 않은 것이다. 물론 칠레 국민들이 우리보다 자유무역의 신자유주의에 더 우호적이라 그런지 모른다. 그러나 사실 칠레는 인구가 적고 국도조차 없는 특성 때문에 한-칠레 FTA에 반대할 자동차 회사나 전자업체들이 애당초 없기 때문이 아닐까. 국내 산업구조의 특징과 관련해 자유무역협정에 따른 구조조정의 경제사회적 비용을 고려하지 않은 한-미 FTA 등 우리 정부의 무비판적인 자유무역협정 추진의 무모함을 다시 한번 생각하게 됐다.

칠레 여행에서 발견한 또 다른 중요한 사실은 칠레의 신자유주의적 복지개혁이 파탄을 맞았다는 점이다. 칠레는 피노체트가 철권통치를 하면서 신자유주의 정책을 추진해 남미 여러 나라 가운데 상대적으로 우수한 경제성적을 올린 것으로 알려져 있다. 특히 연금을 민영화하고 연금기금을 생산적 경제활동에 투자해 선순환을 이룬 것으로 알려져 있다. 그러나 20여 년이 지난 현재 상황은 달라졌다. 같은 직장에 다니며 같은 금액을 매달 연금으로 20년 이상 기여하고 은퇴한 사람 중 민영화된 연금으로 옮긴 사람은, 국가가 운용하는 옛 연금에 남아 있는 사람보다 한 달에 절반도 수령하지 못해 폭동이 일어날 지경이다. 게다가 수령 기간도 정부연금의 경우 죽을 때까지 지급하는 반면 민간연금은 최고 20년까지만 지급한다. 우리나라도 신자유주의를 주장하는 관료들, 특히 연금의 민영화를 주장하는 관료들만 따로 모아서 민간연금에 가입시키면 기가 막힌 복수가 되지 않을까.

네루다를 기리며

칠레하면 떠오르는 이름이 무엇일까? 아마도 아옌데와 피노체트, 그리고 네루다일 것이다. 정치에 관심이 없는 사람도 노벨문학상에 빛나고 칠레가 자랑하는 시인 파블로 네루다는 알고 있을 것이다. 네루다 하면 불과 스무 살에 쓴 세계적인 밀리언셀러 서정시집『스무 편의 사랑의 시와 절망의 노래 하나』와 노벨 문학상, 그리고 그를 소재로 한 영화 <일 포스티노>를 연상한다. 그러나 그는 평생을 스탈린주의자로 산 공산주의자였다. 특히 공산당의 대통령 후보였다가 아옌데 사회당 후보를 위해 사퇴한 다음 사회주의정권을 출범시켰고, 그 정권하에서 프랑스 대사를 지내다가 아옌데 정권이 쿠데타에 무너지

네루다의 옛집에서
바라본 바다

익살꾼 네루다를 따라해본다

는 것을 지켜보면서 외롭게 죽어가야 했다.

내가 두 번째 칠레를 방문한 2004년은 네루다 탄생 백주년으로 대대적인 네루다 기념사업이 준비되고 있었다. 그래서 택시를 대절해 태평양을 마주보고 있는 네루다의 옛집 이슬라네그라로 향했다. 네루다는 산티아고 시내에 라챠스꼬나라고 부르는 자택도 함께 가지고 있었는데 이 두 집은 구경할 만한 것이 별로 없는 산티아고에서 관광명소가 되어 죽어서도 자신이 그토록 사랑한 칠레에 기여하고 있었다. 네루다재단 사무실로도 사용하는 라챠스꼬나는 좁은 땅에 위로만 높게 뻗어있어 3층을 기어 올라가야 하는 특이한 형체를 띠고 있다. 친구들을 불러 술을 마시다 갑자기 사라진 뒤 다른 문으로 나오곤 했다는 집은 네루다의 어린애 같은 천진난만함을 온전히 느낄 수 있는 곳이다. 네루다의 어린애 같음을 되살리려는 듯 헐리우드나 놀이동산에서 볼 수 있는 유명인의 실물 사진 모형이 이곳에도 설치되어 있어 네루다와 어깨를 걸치고 증명사진을 찍을 수 있었다.

라챠스꼬나에 이어 메인 게임이라고 할 수 있는 이슬라네그라로 가는 1시간 반 동안의 택시 여행. 나는 지난 2001년 방문했을 때 탄성을 질러야 했던 이슬라네그라의 아름다운 풍광과 구내식당에서 먹었던 조개탕의 기가 막힌 맛을 떠올렸다. 다른 한편으로는 한 시인이 "잉크보다도 피에 가까운 시인"이라고 불렀던 네루다의 파란만장한 삶을 되새겨봤다. 네루다를 만나는 길은 세 가지가 있다. 칠레 공산당원으로 투쟁과 망명으로 점철된 네루다가 있고 『스무 편의 사랑의 시와 절망의 노래 하나』로 상징되는 시인 네루다, 그리고 포도주(칠레산)와 여자(세 번의 결혼과 무수한 연인들), 그리고 파티와 노래를 좋아했던 열정의 네루다가 있다. 물론 그것으로도 네루다의 삶을 다 집약할 수는 없다.

시인의 명성에 힘입어 삶의 상당 기간을 외교관으로 지낸 그는 스페인내전 시절 외교관 신분에도 불구하고 공화파를 지지하다 외교관직을 박탈당했다. 공화파가 패한 뒤에도 처형의 위기에 처해 있던 2천 명의 공화파를 낡은 어선에 태워 칠레로 망명시킨 남미의 쉰들러이기도 하다. 그는 공산당에 입당하고 북부 광산노동자들의 지지로 상원의원에 당선됐다. 그러나 공산당이 불법화되면서 독재정권의 수배를 피해 칠레를 돌며 은둔생활을 해야 했고 급기야 말을 타고 밀수업자들이나 다니는 안데스 산맥 횡단루트를 따라 아르헨티나로 목숨을 건 도주를 해야 했다. 또 그에게 명성을 준 서정시 이외에도 스페인 내전을 보면서 쓴 첫 참여시 「이건 나의 첫 프롤레타리아트 시라네」와 미국의 한국전쟁 참전을 비판하는 「원자에 바치는 송가」 등 격렬한 참여시들을 쓴 참여시인이기도 했다. 어디 그뿐인가. 그는 정신병에 가까운 집착을 가진 수집광으로 해양연구소와 견줘도 손색이 없을 만큼 수천 개의 조개껍질들을 모았고, 파리를 여행하는 도중 구둣방 벽에 걸린 커다란 열쇠가 갖고 싶어서 그 벽을 허물기까지 하면서 열쇠고리를 기어이 손에 넣는 등 어느 부르주아 이상의 부르주아적 취향을 가진 모순된 사람이다. 그는 누구보다도 극적인 삶을 살았다. 정말 그의 삶을 영화로 만든다면 기가 막힌 영화가 될 것이다.

이슬라네그라에 도착하자 100주년 행사를 알리는 대형포스터가 걸려 있었다. 또 100주년 행사 덕인지 3년 전보다 관광객들이 훨씬 많았다. 전에 한 번 봤던 것들이지만 다시 봐도 이슬라네그라의 수집품은 대단했다. 수십

이슬라네그라를
상징하는 조형물

년 동안 세계 각국을 돌면서 수집한 기이한 물건들은 한 개인의 소품이지만 어디에 내놓아도 손색이 없다. 그의 트레이드 마트가 된 조개 수집부터 각종 해양 관련 수집품, 배의 선두에 설치하는 여신상과 같은 거대한 조각품들, 각종 유리병 속의 돛단배 조각, 아프리카의 원시마스크까지 그 수집품을 보는 동안은 시간 가는 줄을 몰랐다. 게다가 전시실 유리창 사이로 보이는 태평양의 기막힌 경치라니.

수집품 관람을 마치고 밖으로 나오자 집 뒤편에 이슬라네그라의 상징처럼 된 종이 달린 별모양의 나무 조각과 끝없이 펼쳐진 태평양의 모습이 한 눈에 들어온다. 이렇게 기막힌 경치 속에서 태평양의 파도소리를 자장가 삼아 산

네루다와 마틸드, 삶과 죽음의 동반자

다면 나도 네루다 못지않은 시인이 될 수 있을 것 같은 엉뚱한 자신감이 솟아나 나도 모르게 웃음이 나왔다. 뒤뜰로 들어서자 네루다와 마지막 부인 마틸다의 이름이 새겨진 검은 대리석이 나타났다. 그토록 사랑했던 태평양을 바라보며 네루다는 조용히 누워있었다. 그 앞에 가서 자신이 피땀 어린 투쟁을 통해 자랑스럽게 건설한 사회주의정권이 비참하게 무너지고 많은 동지들이 피를 흘리며 죽어가는 것을 무력하게 지켜보며 눈을 감아야 했던 네루다에게, 이제 정의는 실현되고 있으니 고이 잠들라고 기도하며 긴 묵념을 올렸다. 사실 우경화하긴 했지만 아옌데의 유산을 물려받은 사회당이 집권을 했다. 또 피노체트에 대한 과거청산이 계속되면서 아옌데 정권에 대한 명예회복 작업은 빠르게 진행됐다. 그래서 2001년에는 없었던 아옌데 기념관이 산티아고 시내에 세워져 그곳을 방문할 수 있었다. 태평양의 부서지는 파도를 바라보며 서정시부터 민중시에 이르는 그의 유명한 시들을 읊어보았다.

오늘 밤 나는 쓸 수 있다 제일 슬픈 구절들을

예컨대 이렇게 쓴다 "밤은 별들 총총하고
별들은 푸르고 멀리서 떨고 있다"

밤바람은 공중에서 선회하며 노래한다

오늘 밤 나는 제일 슬픈 구절들을 쓸 수 있다
나는 그녀를 사랑했고 그녀도 때로는 나를 사랑했다

　　　　　　　　　—오늘 밤 나는 쓸 수 있다

나는 민중을 위해 쓴다. 그들의
단순한 두 눈 내 시를 비록 읽지 못할지라도
내 삶을 흔들었던 곡조, 한 줄의 시구 그들 귓가에
닿을 날 있으리니

　　　　　　　　　　　　　—유언

그래, 나는 유죄다
내가 이루지 못한 그 모든 일 때문에
내가 씨 뿌리지 못하고 베어내고 측량하지 못하고
사람들이 대지에 살도록 격려하지 못한 일 때문에

　　　　　　　　　　　—소박한 기쁨

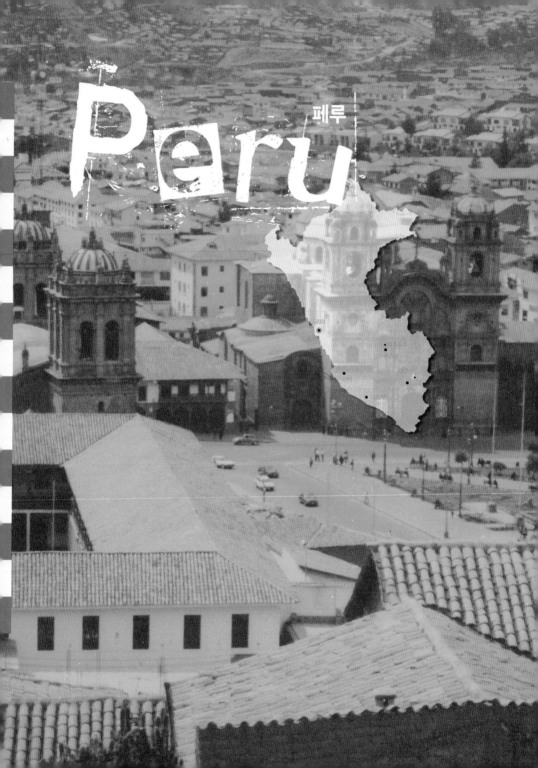

Peru 페루

리마

페루 민주주의의 앞날이 밝은 것만은 아니다. 평화적 정권교체도 문제지만
더 심각한 것은 사회경제적 문제다. 지금 페루는 '남미의 박정희' 후지모리의 유령에서
해방되기 위한 고통스러운 첫걸음을 내딛고 있다.

'남미의 박정희' 후지모리의 몰락, 그 이후

"아, 후지티보요."

　　이제는 조상의 영광을 팔아먹고 사는 옛 잉카의 수도 쿠스코의 관광버스에서 만난 한 페루 교수는 일본에서 사임 선언을 하고 주저앉아버린 알베르토 후지모리 전 대통령에 대해 묻자 이렇게 대답했다. 후지티보는 도망자라는 뜻의 스페인어로 페루 지식인 사회에서는 후지모리를 발음이 비슷한 후지티보로 부른다는 것이다.

　　페루는 16세기만 해도 남으로는 칠레, 서로는 태평양, 동으로는 아마존에 이르는 거대한 잉카왕국의 중심지였다. 페루는 이후 스페인의 지배를 겪고 많은 제3세계 국가들처럼 독립을 했지만, 경제적 낙후와 반복되는 군사쿠데타로 정치적 혼란에 시달려야 했다. 빈곤과 독재는 결국 80년대 좌파정권의 집권과 무장게릴라전을 불러왔다. 그러나 가르시아 정권이라는 좌파정권이 집권하자 페루는 국제금융계에서 소외되기 시작했고 연 인플레가 1만 퍼센트까지 치솟았다. 오랜 차별과 빈곤은 마오쩌둥주의자들인 농촌게릴라 그룹 '센데로 루미노소(빛나는 길)'의 급성장을 가져왔다. 그러나 초기에는 지지를 받았던 '빛나는 길'도 무차별한 민간인 학살을 저지른 뒤 지지를 잃기 시작했다.

　　이렇게 우파와 좌파가 모두 국민들의 신뢰를 잃은 상황에서 일본계 2세로 일개 농과대학 학장에 불과하던 후지모리는 '정직과 근면'이라는 참신한 구호를 내걸고 선거에 출마해 1990년 대통령에 당선됐다. 지배계급 대부분이 백인이었던 페루에서 동양계 정치인이라는 사실만으로 인구 다수를 차지하는 인디오들의 지지를 얻었다. 이것은 무명 인사인 후지모리가 예상 밖에 승리할 수 있었던 원인 중 하나였다. 그러나 취임 뒤에는 선거 공약을 버리고 IMF가 요구해온 초강경 긴축정책을 펴 나가는 한편 강력한 게릴라 진압작전을 실시했다. 그 결과 인플레를 20퍼센트 이내로 끌어내렸고 일부 오지를 제외한 게릴라 진압에도 성공했다. 남미 정치인으로는 드물게 산간 벽지를 헬기로 다니며 서민층을 만나고 현장 지휘를 즐기기도 했다. 후지모리는 특히 1996년 도시 게릴라들의 일본 대사관 점거 사태를 직접 진두 지휘해 진압함으로써 '철의 정치인'이라는 이미지를 심는 데 성공했다. 그러나 유신과 같은 궁중 쿠데타를 통해 의회를 해산하고 대통령 연임을 금지한 헌법을 제멋대로 바꿔 정권을 연장하려 했다. 또 정보부를 통한 공작정치는 많은 비판을 받았다. 여러 면에서 박정희의 행보를 연상시키는 후지모리는 과연 '남미의 박정희'라 할 만했다.

박정희와 마찬가지로 장기집권 야욕은 후지모리를 파멸로 몰고 갔다. 후지모리는 3선 금지 조항에도 불구하고 대법원의 기이한 판결을 통해 출마 자격을 얻어내 3선에 출마했다. 그러나 장기집권과 공작정치의 폐해, 그리고 IMF식 신자유주의 정책에 따라 인구의 70퍼센트가 빈곤선 아래로 추락한 사회적 양극화 때문에 당선이 어려워졌다. 그러자 부정선거를 통해 야당 후보가 과반수를 차지하지 못하도록 만들어 결선투표를 이끌어냈다. 그리고 야당이 참여를 거부한 결선투표에서 승리, 3선에 성공했다. 그러나 후지모리가 이끄는 정당인 '페루2000'이 과반수 의석 확보에 실패했다. 설상가상으로 심복인 정보부장 블라디미로 몬테시노스가 페루2000을 다수당으로 만들기 위해 야당의원을 끌어 오려고 돈으로 매수하는 비디오가 공개되는 바람에 후지모

"후지모리를
대통령에"라는 글에
가위표가 그려져 있다

산 마르틴 광장에서
후지모리 송환을 촉구하는
서명을 받고 있다

리는 빠르게 몰락의 길을 걷게 됐다. 게다가 CIA의 지지를 받던 몬테시노스가 미국 몰래 반군과 마약상들에게 러시아 무기를 팔아 엄청난 부를 축적해온 사실이 드러나면서 미국조차 몬테시노스와 후지모리를 버리고 만 것이다.

2001년 몬테시노스는 약 8천만 달러의 비밀계좌를 가지고 있는 것으로 드러났으며, 이 중 스위스 은행에 숨겨놓은 2천 5백만 달러는 페루 정부가 돌려받을 예정이다. 상원의원인 후지모리의 전 부인이 후지모리가 자신과 살 당시 일본은행에 1천 8백만 달러를 빼돌려놓았다고 폭로하는 등 후지모리에 대한 본격적인 조사가 시작됐다. 그러자 후지모리는 아펙정상회담 참석 차 아시아로 왔다가, 급기야 일본에서 대통령 사임과 사실상의 망명 선언을 하고 만 것이다.

이런 과정을 바라보는 페루 국민들의 반응은 분노와 충격 자체였다. 페루의 수도인 리마 시내부터 안데스 산맥의 산간 벽지에 이르는 곳곳에는 지난 대선 때 페인트로 써놓은 '후지모리를 대통령에', '페루2000'이라는 글씨가 남아 있었는데, 그 위에는 거의 예외 없이 검은 페인트로 가위표가 그려져 있거나 'NO'라고 쓰여 있었다. 페루의 정치 일번지, 페루의 명동성당이라고 할 수 있는 리마 중심지의 산 마르틴 광장도 예외는 아니었다. 이 광장은 시몬 볼리바르와 함께 라틴아메리카 해방에 앞장선 호세 데 산 마르틴을 기념하는 광장이다. 그는 아르헨티나와 칠레를 해방하고 안데스 산맥을 넘어와 리마를 해방했다. 그런데 이 광장에서 '후지모리 송환 국민운동본부' 사람들이 그의 페루 송환을 요구하는 깃발과 현수막을 걸어놓고 사람들의 서명을 받으면서 농성을 하고 있었다.

물론 후지모리 지지자들이 없는 것은 아니다. 페루에서 만난 적지 않은 사람들은 자신이 후지모리의 지지자라고 밝히면서 인플레를 잡아 경제를 살린 것, 그리고 무장게릴라를 소탕해 정치적 안정을 가져다 준 공을 높이 평가했다. 그러나 이 사람들 역시, 아니 이런 사람들일수록 후지모리의 갑작스러운 해외 도주에 실망과 당혹감을 감추지 못하고 있었다. 강력한 리더십과 결단력을 가진 철의 정치인이라는 이미지에 반하는 행동이었기에 당혹감은 더욱 컸을 것이다. 사실 후지모리는 아펙정상회담 참가 당시 중요한 물건들을 비행기에 싣고 도주에 나섰는데, 이혼 뒤 공석이 된 영부인 자리를 대신해 사실상 퍼스트레이디 노릇을 해온 딸 게이꼬에게도 자신의 망명계획을 알리지 않고 혼자 도주하는 비겁함을 보여줬다.

페루 국민들을 분노하게 만든 것, 그리고 후지모리 지지자들을 당혹스럽게 만든 것은 그것만이 아니다. 일본 체류 선언 뒤 후지모리의 법적 지위 문제가 쟁점이 됐는데, 그동안의 주장과 달리 일본 국적도 가지고 있는 이중 국적자였기 때문에 망명이 필요없다는 사실이 밝혀지고 만 것이다. 또 일본에서 가진 외신 기자회견 등을 통해 페루에서는 이중 국적이 전혀 문제가 되지 않는다느니, 회고록을 쓰면 일본에서 50만 부는 팔릴 것이므로 인세를 생활비에 보태고 일본에 세금도 내고 싶다는 상식 이하의 발언을 함으로써 페루 국민들을 더욱 자극했다.

다행스러운 것은 군이 새 임시정부에 충성을 맹세하고 중립을 선언한 것이다. 몬테시노스는 비디오사건으로 해임된 뒤 망명했다가 밀입국해 군의 보호 아래 은신 중인 것으로 알려져, 한때 군부 내 지지세력들이 쿠데타를 일으킬 것이라는 전망이 있었다. 그러나 임시 대통령직을 맡은 발렌틴 파니아과 국회 의장은 거국내각을 구성했다. 한편 몬테시노스 계열인 군장성 12명을 별 저항 없이 전역시키고 악명 높은 정보부도 해체했다. 또 임시정부는 후지모리의 비리에 대한 조사를 시작했다. 새로 임명된 군부는 군의 중립을 공식 선언했다.

그러나 페루 민주주의의 앞날이 밝은 것만은 아니다. 평화적 정권교체도 문제지만 더 심각한 것은 사회경제적 문제다. 남미 최대를 자랑(?)하는 악명 높은 리마 판자촌과 안데스 산맥에 흩어져 있는 인디오들의 비참한 생활상이 보여주는 페루의 빈곤은 여전하다. 특히 후지모리 정부의 신자유주의 정책 때문에 심화된 사회적 양극화의 부작용은 그동안 철권통치에 억눌려왔지만 이제 민주화의 열린 공간 속에서 폭발할 조짐을 보이고 있다. 사실 리마에서는 페루의 통신을 책임지는 전화통신 노동자들이 생존권 쟁취를 위한 대대적인 시위를 벌이고 있었다. 또 쿠스코에서는 버스 노동자들이 파업을 해 도시 전체 교통이 마비되고 현지 주민들은 물론 관광객들까지 고통당하는 모습을 직접 볼 수 있었다. 지금 페루는 '남미의 박정희' 후지모리의 유령에서 해방되기 위한 고통스러운 첫걸음을 내딛고 있다.

친동양인 분위기의 반전

페루의 수도 리마는 스페인 정복 전에는 태평양 연안의 사막에 불과했다. 그러나 잉카의 수도 쿠스코를 정복한 스페인은 이 산간벽지의 도시에서 반란이 일어날지 모른다고 염려했다. 그렇게 되면 스페인과의 교류가 어렵다는 생각에 스페인과 접촉이 쉬운 태평양 연안에 새 항구도시를 건설했다. 그것이 바로 리마다. 따라서 리마에는 박물관에 있는 유물을 빼면 옛 페루의 유적을 찾아보기 어렵다. 신도시 리마 건설은 인종 문제에 엉뚱한 결과를 불러왔다. 이 문제와 관련해서 라틴아메리카에는 인구 구성의 4가지 유형이 있다는 점을 주목해야 한다.

먼저 크게 보아 대부분의 미주 지역으로 원주민이 많지 않던 지역과 아즈텍−마야(멕시코)나 잉카왕국(페루)이 존재해 상대적으로 인구가 많던 지역 등 두 유형으로 나뉠 수 있다. 원주민이 많지 않던 지역에서 스페인은 그마저도 거의 전멸시키고 새 인구를 이주시켰다. 그 중 노동력을 아프리카계 노예로 충당한 나라들이 현재 쿠바 등 카리브 해 국가들과 브라질이다. 반면 아프리카계 대신 백인을 주로 받아들인 나라는 칠레와 아르헨티나로 아직도 유럽적 색채와 인종주의가 강하다. 나치들이 2차대전 중에 아르헨티나로 많이 도망친 것은 우연이 아니다.

반면 원주민 인구가 많던 멕시코와 페루의 경우 스페인의 학살과 유럽에서 온 질병에도 불구하고 많은 원주민들이 살아남았다. 그러나 두 나라 사이에도 차이가 있다. 아즈텍의 수도를 점령하고 그 자리에 멕시코시티를 건설한 멕시코는 인디오들과 섞여 살았다. 그래서 인디오와 백인의 혼혈인 메스티조가 대종을 이루게 됐다. 그러나 페루의 경우 인디오들은 안데스 내륙에 거주하고, 스페인 사람들은 해안의 리마에 주로 거주함으로써 메스티조가 상대적으로 적고 인디오가 많다. 멕시코는 백인 9퍼센트에, 인디오가 10퍼센트고 메스티조가 인구의 다수를 차지한다. 그러나 페루는 백인 12퍼센트, 흑인과 아시아계 3퍼센트에 인디오가 인구의 절반인 47퍼센트고 메스티조는 37퍼센트 수준에 불과하다.

주목할 것은 페루인들, 특히 인디오들은 자신과 모습도 비슷하고 뿌리도 같은 동양인들에게 무척 우호적이라는 사실이다. 일본계 2세인 후지모리가 다수 인디오들의 지지를 받아 대통령에 당선된 것은 바로 이 때문이다. 페루는 일본계가 일본 밖에서, 아니 아시아계가 아시아 밖에서 유일하게 대통령에 당선된 곳이다. 페루에는 일찍이 남미 이민에 나선 일본 이외에 중국계도 많다. 그들은 19세기 말과 20세기 초에 대거 페루로 이민을 왔다. 그래서 리마에는 거대한 중국인 커뮤니티가 형성돼 상권을 장악하고 있고, 안데스 오지에서도 중국음식점을 쉽게 찾아볼 수 있다. 한인들은 뒤늦게 페루에 진출해 한때 그 수가 1만 5천 명에 이르기도 했지만 최근 라틴아메리카 전반의 경제위기 이후 많은 교민들이 상대적으로 사정이 나은 멕시코 등으로 떠나 2001년에는 7백 명 수준으로 줄어들었다고 한다.

후지모리가 지방을 순찰하면 많은 주민들이 나와 '치노'를 연호했다고 한다. 치노란 중국인을 지칭하는 스페인 말이지만 동양인을 나라별로 구별하지 않는 이들에게는 동양인을 통틀어 부르는 이름이다. 주로 비하하는 의미로 사용하는 다른 나라들과 달리 무척 우호적인 표현이라고 한다. 그러나 후지모리 사태 때문에 우호적 분위기가 바뀌는 게 아니냐는 우려가 심각하게 제기되고 있다. 실제로 페루 최고의 관광지인 마추픽추의 한 상점에서 물건을 고르다 마음에 들지 않아 그냥 나오자, 뒤에서 스페인어로 "치노, 쥐새끼 같은

사막 한가운데 보이는
나스카 그림들

고대 페루(잉카)에서도 뇌수술을 했다

매독은 신세계에도
있었다

놈들"이라고 욕하는 것을 직접 들을 수 있었다. 미꾸라지 한 마리가 시냇물 전체를 흐리고 있는 셈이다.

페루가 자랑하는 마추픽추 등 안데스의 잉카문명을 구경하러 옛 수도인 쿠스코로 떠나기 전에 우선 리마의 박물관들과 나스카 유적을 보기로 했다. 역사박물관에 들어서자 거대한 산 마르틴의 흉상이 눈에 들어 왔다. '남미 해방과 독립'하면 대부분 시몬 볼리바르를 연상하지만 산 마르틴도 볼리바르 못지않게 남미 해방(분가)에 기여한 일등공신이다. 그러나 정작 내 관심을 끄는 것은 옛 유적들이었다. 특히 눈에 띈 것은 신분에 따라 머리를 변형시킨 기이한 모양의 해골들이었다. 구멍이 뚫린 여러 해골들은 이미 오래전에 페루에서 뇌수술을 수행했다는 것을 보여주고 있었다. 또 인상적인 것은 사람을 조각한 토기들이었는데 이 평범한 토기가 유독 눈에 들어온 것은 사람의 몸에 온통 발진들이 조각되어 있었기 때문이다. 콜럼버스가 신대륙을 정복한 뒤 유럽에 매독이 전파되면서 매독이 신세계에서 전해진 것으로 알려져 왔는데 최근 들어 이같은 입장이 서구중심주의에 기초한 것이며 사실은 유럽이 신세계에 전한 것이라는 주장이 제기됐었다. 그러나 이 조각들은 콜럼버스 이전에도 이미 신세계에 매독이 있었다는 것을 보여주는 중요한 증거였다.

다음 날 아침에는 나스카 관광에 나섰다. 사막 한가운데 엄청난 크기의 기하적인 무늬와 동물들

페루 정복자
피사로의 동상

이 그려져 있어 외계인이 그린 것 아니냐는 주장까지 제기됐던 나스카는 리마 남부의 사막에 있어서 경비행기를 타고 가야 하는데 엄청난 바람 때문에 죽을 고생을 했다. 특히 함께 탄 일본인 관광객이 먹은 것을 다 토해 내는 바람에 엉망이 됐다. 그러나 책에서 본대로 사막 한 가운데 나타난 긴 꼬리의 원숭이, 독수리 등 엄청난 크기의 그림들은 누가, 무슨 이유로, 어떤 방법으로 이렇게 거대한 그림을 그렸는지에 대해 많은 사람이 고민하고 논쟁할 만했다. 이처럼 페루의 원주민들은 스페인정복 이전에 이미 상당히 발달한 나름의 문명을 가지고 있었던 것이다.

잉카의 후예

산의 바다. 페루의 수도 리마를 떠나 쿠스코로 향하는 비행기 위에서, 세계에서 가장 긴 산맥인 안데스 산맥을 내려다보니 말 그대로 산의 바다였다. 물론 세계에서 제일 높은 산은 히말라야다. 그러나 해발 5천 7백미터 이상의 산이 유럽에는 전혀 없고 북미에는 알래스카, 멕시코, 캐나다에 각각 하나씩 3개에 불과한 반면 페루에는 50개 이상 있다는 사실이 안데스의 위용을 잘 보여주고 있다.

옛 잉카의 수도 쿠스코는 사방이 산으로 둘러싸인 해발 3천 5백 미터 분지에 위치한 고산도시. 지형상 자연적인 요새인 데다 얼마 떨어지지 않은 곳에 옥수수와 감자의 원산지이자 아마존의 원류인 우루밤바 강이 흐르는 비옥한 농경지가 있어 남미의 절반을 지배한 왕국의 수도로는 적격이었다. 비행기에서 내릴 때는 몰랐지만 거리와 박물관을 걸어다니자 숨이 가빠오고 뒷머리가 깨지는 것처럼 아팠다. 고산병의 초기 증상이었다. 몸은 힘들었지만 그래도 시간이 아까워 열심히 걸음을 재촉했다.

남미 최대의 왕국, 스페인 점령 전 남미 역사에서 유일하게 존재했던 왕국이라고 할 수 있는 잉카왕국은 뛰어난 건축술과 천문학 등 많은 업적을 이뤘음에도 마야문명과 달리 문자가 없었다. 따라서 똑똑한 어린이들을 특별 훈련해 지난 역사와 새로운 사건들을 기억하게 해서 구전으로 역사를 전달하는 독특한 매듭 만들기로 역사를 기록했다. 그러나 스페인은 이런 전통을 파괴했다. 그래서 자세한 역사는 알려지지 않았지만 그동안 진행된 연구에 따르면 잉카족은 11세기 초 세계에서 가장 높은 곳에 위치한 호수이자 잉카 성지인 티티카카에서 북상하다가 이곳에 정착했다고 한다. 태양의 아들을 자처했던 잉카족 5만 명은 20년에 걸쳐 지구의 배꼽이라는 쿠스코를 건설했다. 세계가 뱀(전생), 퓨마(현세), 독수리(내세)로 상징되는 세 세계로 구성돼 있다고 믿은 그들은 도시를 퓨마 모양으로 만들었다.

특히 전투적이던 잉카족은 저항하는 타 부족의 귀족을 생포하면 고문해 죽인 뒤 그 뼈로 피리를 만들고 두개골을 술잔으로 썼다(잉카박물관에서 이것들을 생생하게 볼 수 있었다). 이런 방식으로 영토를 넓혀간 잉카는 1438년 전투에서 수적 열세에도 불구하고 승리, 거대한 왕국을 건설하는 데 성공했다. 그 결과 쿠스코는 스페인 정복 당시 인구 20만 명의 거대한 도시로 발달했고 잉카는 쿠스코 중심가부터 북으로는 에콰도르, 남으로는 칠레, 동으로는

아마존, 서로는 태평양에 이르는 네 방향의 도로를 기점으로 무려 1만 5천 마일에 달하는 놀라운 잉카로드를 건설했다.

이런 왕국의 수도답게 쿠스코에는 고고학 유적이 3만 6천 개나 있다고 한다. 그러나 스페인이 파괴한 덕분에 겉으로는 유적이 별로 보이지 않았다. 차라리 쿠스코는 잘 보존된 너무도 아름다운 스페인 도시 같다. 특히 스페인이 어디에 가나 중심 광장으로 세운 아르마스 광장에는 잉카 정복 기념으로 세운 남미 최대의 성당 등 스페인이 건설한 옛 건물들이 잘 보전돼 있다. 게다가 고층 건물을 짓지 않아 사방을 돌아보아도 시선을 가로막는 것이 하나도 없고 멀리 병풍처럼 쿠스코를 둘러싸고 있는 산과 푸른 하늘만 보이는, 개인적으로 지금까지 본 광장 중 가장 아름다운 곳이었다. 그러나 찬찬히 뜯어보면 스페인의 파괴속에서도 꿋꿋하게 살아남은 잉카의 역사를 발견할 수 있다.

아르마스 광장

고대 잉카의 놀라운 건축술

산토 도밍고 성당

대표적인 예가 거대한 산토 도밍고 성당이다. 산토 도밍고 성당은 스페인이 잉카의 중심 성지인 태양의 신전을 부수고 그 자리에 세운 것이다. 신전의 일부였던 높이 10미터의 돌 축대를 부수기에는 너무 힘이 들고 건축 측면에서도 문제가 많아 그대로 두었기 때문에 정면에는 잉카의 흔적이 남아 있다(이런 서구제국주의에 비교할 때 일본제국주의의 문화파괴는 아주 준수한 편에 속한다. 최소한 일제는 종묘를 부수고 그 위에 신사를 건설하지는 않았으니 말이다). 즉 멕시코시티처럼 옛 신전을 완전히 파괴할 수 없었던 것이다. 특히 이 벽은 엉성한 스페인식 벽과 달리 놀라운 잉카 건축술이 발휘됐다. 거대한 돌과 돌 사이에 종이 한 장도 안 들어갈 정도로 정교하게 다듬어 쌓아 놓아서 단번에 잉카인의 벽임을 알 수 있다. 게다가 이 벽은 다른 잉카 건축물들과 마찬가지로 돌을 과학적으로 엇물려 놓고 10도 정도 경사가 지게 건축해 여러 차례에 걸친 강진에도 끄떡없이 원형을 유지하고 있다. 반면, 그 위에 세워진 성당과 다른 쪽 벽들은 여러 번 파괴돼 재시공과 보수공사를 해야 했다.

호텔로 돌아오자 고산병 증상은 인내의 수준을 넘어서고 있었다. 할 수 없이 여행안내 책자에서 읽은 대로 코카차를 열심히 마셨다. 그러자 문득 미국 유학 시절에 봤던 코미디가 생각났다. 인디언이 나와 하는 말이 "너희 백인들이 우리 땅을 가져갔다. 그래서 우리는 너희에게 코카(코카인)를 줬다. 그러니 피장파장이다"라는 것이었다. 미국의 심각한 마약 문제를 인디언의 복수로 그린 무서운 풍자였다.

녹차잎과 비슷한 코카는 오래전부터 페루의 중요한 생활의 일부가 되어 왔다. 중요한 종교 예식의 한 부분이었을 뿐더러 인디오들은 일상적으로 코카차를 마셨고, 죽으면 이 찻잎이 든 주머니를 무덤에 함께 묻을 정도였다. 리마의 관광코스에 반드시 들어가는 황금박물관에 가보면 무덤에서 발굴한 기가 막히게 아름다운 조각으로 된 순금 차주머니를 볼 수 있다. 인디오들은 스페인의 강제노역 속에서도 코카잎을 씹어 영양소를 섭취하며 살아남았다. 특히 코카차는 고산병에 효력이 좋아 안데스 고산지대의 호텔 등에서 여행자들에게 무료로 제공된다. 문제는 이것을 수백만 배로 정제한 백색 가루 코카인이다. 페루의 국경지대는 콜롬비아, 볼리비아와 함께 중요한 코카인 생산지로서 미국 마약수사국의 주목을 받아왔다. 사실 미국이 독재자 후지모리와 그의 오른팔인 정보부장 몬테시노스를 지지해온 이유 중 하나는 이들이 마약퇴치에 도움이 됐기 때문이다. 그러나 몬테시노스는 오히려 마약 카르텔에 무기를 제공하고 거액의 돈을 챙겨 자신과 후지모리가 몰락하는 단초를 제공했다.

재미있는 것, 아니 섬뜩한 것은 인디오 사이에 전해 내려오는 전설이다. 코카란 인디오들의 언어인 케츄아 어 '쿠카'에서 나온 말이다. 옛날에 쿠카라는 아름다운 공주가 살았는데 수염 난 이방인(백인)들이 번개 같은 무기(총)를 들고 큰 짐승(말)을 타고 나타나 부모를 죽이고 공주를 겁탈했다. 쿠카는 야만인들을 피해 한 청년과 도주하지만 도중에 잡혀 죽고 만다. 꿈에 쿠카를 본 한 노파가 꿈에서 본 길을 따라가자 쿠카의 시신 위에 향기가 나는 잎이 자라 있었다. 노파가 이 씨를 사방에 뿌리자 곳곳에서 쿠카가 자라났는데 그 뒤 이런 노래가 인디언 사이에 전해 내려오기 시작했다.

"수염난 사람들을 죽이기 위해 어머니 코카가 돌아온 것이다."

코카인은 인디오의 복수일까.

몇 년 전 퓰리처상을 수상한 베스트셀러 중에 자레드 다이아몬드라는 의대 교수가 쓴 『총, 균, 쇠』라는 책이 있다. 유전공학, 생물지리학, 진화유전학, 인류학 등 화려한 연구경력을 가진 이 학자는 가장 오지로 알려진 뉴기니에 대한 인류학적 연구를 토대로 왜 인류의 역사가 지금처럼 발달해왔는지 설명한다. 즉 인류 문명의 시초인 아프리카는 가장 낙후하고 유럽은 번창한 반면 왜 신대륙은 유럽의 식민지가 돼야 했는지를 일종의 환경결정론에 서서 일반인들도 쉽게 이해할 수 있는 평이한 문체로 설득력 있게 설명해주고 있다. 결국 다양한 문명의 흥망성쇠를 결정한 것은 책 제목처럼 총과 균, 쇠였다는 이야기인데 이 중 '카자마르카의 충돌'이라는 장이 나온다.

카자마르카는 옛 잉카의 도시다. 벼락부자의 꿈을 안고 신대륙 탐험에 참가한 스페인 원정대 대장 프란시스코 피사로와 병사 1백 50명이 잉카의 아타우알파 왕과 용사 8만 명이 1532년에 맞부딪친 곳이다. 즉 유럽과 신대륙이 충돌한 것이다. 잉카의 전령을 생포해 고문한 뒤 아타우알파가 카자마르카로 온다는 것을 안 피사로는 주요한 길목에 부하들을 매복시켜 잉카왕을 인질로 생포했다. 피사로는 잉카왕을 여덟 달 동안 인질로 잡고 사상 최고의 몸값을 요구했다. 길이 6.6미터, 폭 5.4미터, 높이 2.4미터의 방을 순금으로 채우라고 요구한 것이다. 잉카는 아마존 강에서 막대한 사금을 채취해 금이 풍족했지만 신전 등 종교의식에만 사용해왔다. 그래서 잉카왕은 각 신전에 설치한 금을 떼어다가 그 방을 가득 채워 줬다. 그러나 애당초 잉카왕을 살려줄 생각이 없던 피사로는 잉카왕에게 죽기 전에 기독교로 귀의하라고 성경책을 내주면서 신의 목소리를 들어보라고 말했다. 그러나 문자가 없어 책이라곤 본

적이 없는 잉카왕은 성경책을 귀에 대본 뒤 아무 소리도 안 들린다며 땅에 던져버렸다. 분노한 피사로는 화형을 명했지만 잉카왕의 간청을 받아들여 화형하는 대신 목을 매 죽였다. 이어 잉카의 저항이 있었지만 천연 요새인 쿠스코를 장악한 스페인군은 왕을 잃고 중심을 잃은 잉카의 저항을 누르고 페루를 정복하는 데 성공할 수 있었다.

마추픽추 정상에 서서

'페루'하면 떠오르는 것은 역시 남미 최고의 문화유적으로 손꼽히는 마추픽추다. '구름도 쉬고 가는' 곳이 추풍령 고개라고 하지만 마추픽추로 가기 위해서는 구름 위를 달려가야 한다. 쿠스코를 떠나 마추픽추로 향하는 기차는 높은 산을 지그재그로 올라갔다가, 다시 뒤로 후진을 했다가, 다시 올라가는 식의 독특한 지그재그형 철로를 달려간다. 이렇게 얼마를 달린 기차는 내리막길로 내려가기 시작해 아마존의 원류인 우루밤바 강을 끼고 원시림을 달린다. 우루밤바 강가의 계곡은 감자, 옥수수 등 세계의 주요 곡식들이 처음 생산된 주산지로, 풍요롭기 짝이 없는 땅이다. 잉카는 놀라운 건축술뿐만 아니라 풍부한 농산물과 아마존에서 채취한 막대한 사금 생산으로 경제적으로 풍요한 경제대국이었다.

우루밤바 강을 지나 한참을 달리면 평지에 우뚝 선 산봉우리들이 관광객을 맞는다. 이 산봉우리를 향해 다시 버스를 타고 지그재그로 산꼭대기에 오르면 산속에서 갑자기 나타나는 것이 바로 '늙은 봉우리'라는 뜻의 마추픽추이다. 이 웅장한 자연을 배경으로 절경이 내려다보이는 기막힌 명당에 이런 거대한 유적을 지었다는 것이 믿어지지가 않았다. 무엇 때문에 잉카인들은 비옥한 평지를 놔두고 이 첩첩산중에 1천 명이 살 수 있는 거대한 자급자족의 소도시를 만든 것일까. 여기에도 종이 한 장 안 들어가게 만든 기막힌 돌담들부터 물이 흘러가도록 만든 인공관개시설까지 놀라운 건축술이 한둘이 아니었다. 어쨌든 너무도 다행스러운 것

은 이 경이로운 문화유적이 첩첩산중에 위치해 스페인에게 알려지지 않음으로써 야만스러운 파괴를 피할 수 있었고, 그 결과 우리에게 소중한 문화유산으로 남겨질 수 있었다는 사실이다. 그런데 이제 이곳도 관광객들 때문에 몸살을 앓아 이대로 가다간 유적 보존이 어렵다는 판단 아래 하루 관광객 수를 쿼터제로 통제하는 방안을 검토 중이라니 안타까운 일이다.

예일대학교 졸업생인 빙엄은 1911년 페루를 여행하다 2천 5백 60미터의 고산지대 정글 속에 묻

마추픽추

마추픽추

혀 있던 마추픽추를 발견했다. 따라서 오는 2011년은 마추픽추 발견 1백주
년이 된다. 페루 정부는 얼마 전 이를 기념하기 위해 마추픽추에서 발굴한 토
기, 직물류, 유골, 철기 등 4천 9백 개의 유물들을 미국으로부터 되찾아 전시
하려고 현재 이를 가지고 있는 예일대학을 상대로 소송을 제기할 것이라고 발
표했다. 이 유물은 빙엄이 매개가 되어 페루 정부가 1916년 예일대학에 18개
월간 임대해준 것인데 예일대학이 돌려주지 않았다는 것이다. 페루 문화부는
페루 정부가 1916년에 작성한 임대문서를 가지고 있기 때문에 반환에는 문제
가 없을 것이라고 자신감을 드러냈다. 마추픽추에도 문화재 약탈의 비극이 개
입되어 있다니 씁쓸하기만 하다. 그런 생각을 하며 정상에 서서 네루다의 유명
한 시「마추픽추의 정상에서」를 소리를 내어서 낭독했다.

돌에서 돌, 그리고 인간이여, 그는 어디에 있었는가?
허공에서 허공, 그리고 인간이여, 그는 어디에 있었는가?
시간에서 시간, 그리고 인간이여, 그는 어디에 있었는가?
당신도 역시 부서진 한 조각이었는가
끝나지 않은 인간의, 텅빈 독수리의,
오늘의 거리를 통해, 발자국들을 통해,
죽은 가을의 낙엽들을 통해,
무덤까지 영혼을 계속 부서뜨리는

정말 이곳에 서자 '돌에서 돌, 허공에서 허공, 시간에서 시간'이라는 시구가 가
슴 깊숙이 절절하게 공감이 됐다. 사실 네루다는 그의 회고록에서 자신이 마

추픽추에 올라간 뒤 비로소 스페인 이전의 고대 아메리카를 발견할 수 있었다
며 "이제 나는 마추픽추 정상에서 아메리카 전체를 보았다. 그리고 그것이 새
로운 개념으로 만들어진 나의 시의 제목이다"라고 회고했다. 이처럼 마추픽추
는 단순한 한 개의 건축물과 문화유산을 넘어서 유럽정복 이전의 아메리카,
루벤 블레이드가 그의 노래에서 목을 매며 찾고 있다고 절규한 '잊혀진 아메리
카'의 원형이자 상징이라고 할 수 있다.

　　도저히 내려오기가 싫었지만 마추픽추를 뒤로하고 지그재그의 산길을
거꾸로 내려오기 시작했다. 그러자 예닐곱 살로 보이는 작은 인디오 소년이 전
통 잉카 복장을 하고 수직으로 난 잉카 로드를 따라 맨발로 산길을 뛰어내려
왔다. 그리고 차가 내려오는 길에 미리 서 있다가 가슴에 손을 댔다 펴는 전통

적인 잉카의 인사법으로 작별인사를 하는 것이었다. 차가 다시 지그재그 길을 돌아 다른 굽이로 내려오면 지름길로 내려온 소년이 미리 내려와 있다가 다시 인사를 하는 식으로 근 한 시간동안 따라 내려오며 인사를 했다. 결국 차가 평지에 내려오자 이 소년은 차에 올라타 관광객들에게 팁을 구걸하는 것이었다. 팁을 얻은 뒤 떠나는 차를 향해 다시 옛 인사법으로 인사를 하는, 아마도 전설적인 잉카 전령의 후예일 이 소년, 그리고 이 소년 옆에 서서 조야한 공예품들을 하나라도 더 팔아보겠다고 떠나는 차를 향해 흔들어대고 있는 한 인디오 여인의 주름잡힌 얼굴을 바라보면서 패자의 슬픈 역사를 되씹어 보지 않을 수 없었다. 모두가 승자가 될 수 있는 공생의 역사는 정말 불가능한 것일까.

불완전한 스파이!

『불완전한 스파이』.

2004년 12월 리마에 도착해 들른 한 서점에서 구입한 책이다. 악명 높은 페루 국가정보국의 전 총수 블라디미로 몬테시노스에 대해 두 명의 여자 저널리스트가 쓴 이 두꺼운 전기는 몬테시노스를 이렇게 정의했다.

페루판 과거사 청산의 상징인 몬테시노스의 죄명은, 비밀암살단을 통한 이른바 불순분자들에 대한 살인지시 혐의부터 야당 정치인들을 파괴하기 위한 각종 정치공작, 엄청난 부정부패까지 끝이 없다. 특히 정보기관 총수의 권력을 이용해 마약 거래에 깊이 관여하고 게릴라에게도 무기를 밀매해 엄청난 재산을 모았다는 혐의를 받고 있다. 후지모리 재임 10년 동안 사실상 실질적인 대통령에 다름 아니던 몬테시노스에게 정보부 총수라는 자리는 최고의 개인 비즈니스였던 셈이다.

　　일찍부터 권력지향적이고 권모술수와 공작에 능했던 몬테시노스는 젊은 장교 시절 이미 국가기밀을 CIA에 넘겨줬다가 전역을 해야 했다. 그러나 변호사 자격을 획득, 페루와 콜롬비아 국경 밀림지대에서 활약하던 마약업자들의 문제를 사법당국에 뇌물을 주고 해결하는 해결사로 이름을 날리며 거액을 벌었다. 그러다가 1990년 대통령 선거에 출마한 후지모리에 연결이 돼 최측근으로 부상했다. 비리공작과 뒷거래에 능한 몬테시노스는 자신의 특기를 발휘해 후지모리의 문제들을 해결해주면서 신임을 얻었다. 또 후지모리가 정보기관과 군에 기반이 없다는 점을 이용해 자기 마음대로 조종하면서 무소불위의 권력을 행사했다. 예를 들어, 대통령 당선 만찬에 후지모리에게 갑자기 전화를 해 "각하, 음식에 독이 들었다는 첩보가 급히 들어왔으니 음식을 들지 마십시오"라고 거짓 암살 음모를 전해 겁을 줘서 점점 자신에게 의존하게 만드는 식이었다. 이중 삼중의 역스파이와 배신을 밥 먹듯 해, 마약퇴치 명목으로 미국으로부터 1천만 달러가 넘는 자금을 받아 개인적으로 챙기고, 동시에 마약업자한테서는 보호비 명목으로 엄청난 자금을 받아먹는 뻔뻔함과 술수를 보였다. 미국측 돈을 받고 일부 마약업자들을 구속해 실적을 올려주면서도 이 업자들의 경쟁업자한테서 경쟁자들을 제거해준 대가로 또 돈을 받는 식이었다. 또 페루군의 이름으로 유럽에서 무기를 사 코카인과 교환하는 대가로 콜롬비아의 좌익 반군에게 몰래 판매하는 일까지 했다.

걱정스러운 것은 몬테시노스가 초기의 수세에서 벗어나 서서히 반격을 꾀하고 있다는 사실이다. 축적해둔 엄청난 비자금을 이용해 막강한 변호진을 구성하고 특유의 공작으로 증인과 판사들을 매수하는가 하면 과거 자신이 만들어놓은 비리 파일로 관련 주요 인사들을 협박하는 등 여러 방법을 동원해 자신에게 유리한 방향으로 재판을 이끌어가고 있다. 2심과 그 이후의 결과가 어찌될지 불안하다는 것이 이 사건을 추적하고 있는 제인 홀리건 기자의 지적이다.

때늦은 과거청산은 페루만 시도하는 게 아니다. 칠레, 아르헨티나도 과거청산이 한창이다. 남미에도 민주화 이후 20여 년 만에 뒤늦게 과거청산 바람이 불고 있는 것이다.

그동안 남미의 의식 있는 학자들이나 언론인을 만나면 하나같이 "한국은 어떻게 그럴 수 있느냐"며 부러움을 표시했다. 김영삼 정권의 역사 바로 세우기를 지칭하는 것으로, 어떻게 군 출신 전직 대통령을 두 명씩이나 감옥에 보낼 수 있느냐는 것이다. 한국이 경제성장만이 아니라 과거청산에서도 자신들이 할 수 없는 모범을 보이고 있다며 부러워했다. 사실 독재 시절 행해진 우리 군부의 인권침해도 심각했지만 남미에 비하면 어쩌면 아무것도 아닐지 모른다. 아르헨티나의 경우 70년대 군부독재 시절 '더러운 전쟁'이라는 이름 아래 무려 7만 명 이상이 실종되는 등 상상을 초월하는 인권침해가 자행됐다. 그런데도 이런 반인륜 범죄 책임자들에 대한 사법적 응징과 과거청산이 제대로 이루어지지 못했다. 군부가 아직도 정치권과 사회에 엄청난 영향을 미치고 있기 때문이다.

남미가 과거청산을 시도하지 않은 것은 아니다. 아르헨티나에서는 민주정부가 들어선 뒤 1980년대 말 '5월 어머니회' 같은 실종자 가족들의 압력 때문에 일부 군 장교들에 대한 재판이 실시됐다. 그러나 군부의 반발이 커지자 정부는 일률적으로 면책특권을 부여하는 특별 사면법을 제정해 과거청산을 중단하고 말았다.

그러나 최근 상황이 달라지고 있다. 페루에서도 몬테시노스가 재판을 받고 있고 아르헨티나도 키르치네르 정권 출범과 함께 변화가 생겨났다. 키르치네르 대통령은 70년대 군부독재 시절 급진적 페론주의 운동에 열정적으로 참여했고 많은 동료들이 아무도 모르게 희생됐던 것을 잘 기억하고 있는 '추악한 전쟁' 세대다. 그런 경험을 잊지 않은 듯, 대통령 취임 뒤 가장 먼저 한 일은 인권유린 혐의로 유럽 사법당국이 기소한 전·현직 군 장교의 신병 인도를 막아오던 법령을 폐기한 것이다. 또 의회에 압력을 넣어 80년대 말 군 장교 연루 인권 재판을 중단시켰던 군부사면 법안들을 폐기하게 했다. 그 결과 약 1백 명의 전·현직 장교들이 구속돼 현재 재판을 받고 있다.

남미판 박정희 신드롬

3년 반이 지난 2004년 말에 다시 찾은 페루에서 후지모리의 인기는 상종가를 치고 있었다. 정치인 인기조사에서 후지모리가 1위를 달리고 있고 귀국해 다시 출마해야 한다는 여론이 70퍼센트에 이르고 있었다. 리마에서 만난 기업가부터 고도 4천 미터 산골 오지에서 만난 인디오에 이르기까지 "후지모리!"를 외치며 모두 엄지손가락을 세워 보였다. 도망간 독재자에 대한 향수, 즉 '남미판 박정희 신드롬'이 안데스 산맥을 휘감고 있었다.

2004년 여름 칠레, 아르헨티나, 브라질에 다녀온 뒤 이제 남미는 졸업을 했다고 생각했다. 그러나 그해 12월 다시 베네수엘라 정부의 초청으로 베네수엘라를 방문하게 됐다. 그래서 3년이 지난 현재 후지모리에 대한 페루의 생각이 어떻게 변했는지 살펴보고 2001년 가보지 못한 티티카카 호수도 가볼 겸 다시 페루를 찾았다. 그런데 역시 우려한 대로 남미판 박정희 신드롬이 불고 있었다. 박정희 신드롬이 김대중 정부와 노무현 정부의 실정, 특히 사회적 양극화에 기초하고 있듯이 후지모리에 대한 향수는 이후 등장한 민주정권의 무능에 기인한다. 후지모리 몰락 후 페루를 통치하고 있는 사람은 페루 최초의 인디오 대통령인 알레한드로 톨레도. 안데스의 가난한 산골 출신으로 양치기, 구두닦이 등 온갖 궂은 일을 하면서 학비를 벌어 공부한 톨레도는 용케 미국 유학 장학금을 얻어 스탠포드, 하버드 같은 명문 대학에서 경제학을 공부하고 국제기구에 근무하며 젊은 시절을 보냈다. 이후 정치에 투신했지만 2000년 대선 초반에는 큰 두각을 나타내지 않은 신통치 못한 후보에 불과했다. 그러나 후지모리와 몬테시노스가 정치공작으로 유력 야당 후보들을 무너뜨리면서 어부지리로 급부상했고, 정권교체를 바라는 국민들의 지지로 야당의 대표 주자로 성장했다. 결국 대선에서 후지모리와 결선투표까지 갔지만 부정선거 때문에 패배했다가 후지모리가 몰락하면서 대통령으로 등극했다. 그러나 현재 톨레도의 인기는 바닥을 치고 있고 이런 인기 하락이 바로 후지모리 향수를 일으키는 일등공신이 되고 있다.

톨레도 대통령의 지지도는 2004년 12월 당시 8퍼센트에서 14퍼센트를 사이를 오갔고 정치인들에 대한 인기조사에서도 꼴찌였다. 설상가상으로 2000년 대통령후보 출마서류 작성 때 필요한 유권자 서명을 조작했다는 주장이 제기돼 탄핵을 해야 한다는 여론까지 생겨나고 있다. 오죽했으면 세계적인 유력 언론인 『이코노미스트』가 '어떻게 해서 톨레도는 라틴아메리카에서 가장 인기 없는 대통령이 되었나'라는 분석기사까지 내보냈겠는가.

톨레도 정권이 인기가 없는 현실에는 민주정부가 안고 있는 딜레마가 자리잡고 있다. 민주화 이후 그동안 억눌렸던 각종 사회적 요구들이 폭발해 사회적 혼란을 야기한 것이다. 지난 여름에도 페루 최대의 노동조합이 총파업을 벌였다. 또 한 지방도시에서는 교사들이 파업을 벌이면서 여러 공공건물에 불을 질렀는데 그 중에는 법원 건물도 포함돼 있어 수천 건의 재판 서류들이 타 버리고 말았다. 게다가 후지모리 정권 몰락 뒤 악명 높은 국가정보국을 해체하고 훨씬 작은 규모의 새 정보기관을 만들자 무장게릴라 운동이 되살아나고 있다.

그러나 더 근본적인 문제는 톨레도 정권, 특히 톨레도 자신에 있다는 것이 현지 전문가들의 분석이다. 먼저 톨레도 대통령은 선거 과정에서 너무 많은 것을 약속했다. 만나는 사람마다 톨레도에 대해 "말만 많았지 약속해놓고 하나도 지킨 것이 없다"고 분통을 터트렸다. 그래서 "나토 정권이구만"이라고 하자, 그것이 무엇이냐고 물어왔다. "No Action, Talk Only의 준말"이라고 답해 주자 "바로 그것이다"라며 손뼉을 쳤다.

이것에 못지않게 심각한 문제는 부정부패다. 후지모리 정권을 몰락시킨 직접적인 계기는 후지모리와 몬테시노스의 부정부패였기 때문에 톨레도는 깨끗한 정부를 약속했다. 그러나 톨레도 정권 역시 후지모리 정권 못지않게 부패했다는 것이 국민들의 여론이다. 최근의 한 여론조사에서는 톨레도 대통령도 부패했다는 응답이 70퍼센트 이상 나왔다. 그래서 리마에서 만난 대학생에게 "아무리 톨레도가 밉다고 '후지티보'(도망자)를 좋아할 수 있느냐"고 묻자 "그

라틴아메리카의 현재는 한국의 미래일까

래도 후지티보가 맨티로소(사기꾼)와 라테로(강도)보다는 낫다"고 답했다. 한마디로 톨레도는 "말만 번지르르한 사기꾼에 국민의 재산을 훔쳐 가는 강도"라는 것이다.

12월 페루를 포함한 남미의 크리스마스는 절기가 여름인 만큼 사실상 녹음이 무성한 8월의 크리스마스다. 리마의 광장에는 군데군데 푸른 녹음 속에 크리스마스 트리가 설치되어 있었다. 트리 앞을 지나다가 벤치에 앉아 머리를 팔 사이에 묻고 고민에 빠져 있는 한 젊은이가 눈에 들어왔다. 경제적 어려움에 고통을 받으며 산타클로스를 기다리는 페

루의 모습을 상징하는 것 같아 마음이 아팠다.

우리도 경제위기와 민주화운동 출신 대통령들의 도덕적 타락 속에 박정희 신드롬이 생겼지만, 그래도 그것은 죽은 독재자의 망령이었다. 그러나 페루의 후지모리 신드롬은 산 독재자의 망령이라는 점에서 여간 걱정스러운 것이 아니다.

하늘 밑의 호수, 티티카카

티티카카 호수. 중고등학교 지리 시간에 배운 세계에서 가장 높은 곳에 있는 호수다. 해발 4천 미터에 위치한 길이 1백 50킬로미터, 넓이 50킬로미터의 이 거대한 호수를 바라보고 있노라면 산꼭대기에 바다가 올라와 있는 것 같다. 2001년에도 해발 3천 3백 26미터에 있는 쿠스코에서 고산병 때문에 고생을 했는데 티티카카는 이보다 7백 미터나 더 높다. 티티카카 호수 여행의 전진기지인 줄리아카 공항에 비행기가 내리자 인공호흡기를 끼고 침대에 누워 대도시로 수송되기를 기다리는 고산병 환자가 대기 중이었다. 긴급치료를 요하는 위독한 상태라니 고산병이 실감이 나면서 은근히 겁이 났다. 티티카카 호수로 향하는 길에 고산지대의 강한 자외선에 짙은 갈색으로 탄 원주민들이 자주 눈에 띄었다. 하루 이틀도 아니고 평생을 고산지대에서 살아가니 그럴만도 했다. 그런데 이런 악조건에도 불구하고 평균 수명이 70세 이상으로 페루 평균 수명보다 훨씬 길다니 기이한 일이다.

갈대로 만든 인공섬 우로

다니엘 가족 앞에 컵라면이
놓여 있다

　본격적인 탐사를 떠나기에 앞서 호수가에 위치한 푸노의 호텔에서 잠을 잤다. 하지만 고산병으로 머리가 너무 깨질 듯 아파서 잠을 이룰 수가 없었다. 날이 밝자 배를 타고 티티카카 호수에 들어갔다. 세상이 시작되고 자신들의 조상이 처음 생겨났다고 믿는 성지답게 하늘 아래의 호수는 신비감이 가득했다. 처음 찾은 곳은 티티카카 호수의 상징이 되어버린 우로. 우로는 이곳에서 자라는 갈대를 이용해 만든 커다란 인공섬으로, 세계 어디에서도 찾아볼 수 없는 티티카카 호수만의 생활양식이다. 이곳 인디오들은 이 인공섬에 갈대로 집을 짓고 사는데, 배를 타고 한참을 들어가자 거대한 우로 마을이 나타났다. 여기저기 두세 가구로 구성되어 있는 우로들이 정박되어 있고, 커다란 우로의 경우 그 위에 학교와 병원까지 설치돼 있었다. 이곳 사람들은 관광객에게 자신의 우로를 구경시켜주고 직접 만든 민속품을 팔아 수입을 올리고 있었다. 그런데 예전에는 한번 우로를 만들면 8년은 견디기 때문에 8년에 한 번씩 우로를 만들었는데 요즘은 환경오염 때문에 갈대가 약해져 훨씬 자주 새 우로를 만든다고 한다. 티티카카 호수도 생태계 위기에서 자유롭지 않았다.

　놀라운 것은 이곳에서 후지모리의 인기가 절대적이라는 것이다. 도시는 야당, 농촌은 여당을 지지했던 우리의 여촌야도 현상이 여기에도 있는 것인가 싶어 물어봤더니 그 나름대로 사연이 있었다. 후지모리가 대통령 시절 이곳을 방문해 집집마다 태양광 발전기를 설치해줬다고 한다. 그들은 후지모리 덕에 난생 처음 전기의 혜택을 보게 됐다며 부득불 팔을 끌고 가 태양광 발전기를 보여줬다. 후지모리는 라틴아메리카 지도자로는 드물게, 그리고 박정희와는 비슷하게, 전국을 돌아다니며 서민들을 만나고 교감을 나누는 리더십을 구사

했는데 그것이 아직도 약효를 발휘하고 있
었다. 안타까운 일이었다.

원주민 부부와 함께

후지모리의 인기는 더 골짜기에 박
힌 산골에서도 마찬가지였다. 우로에서 다
시 푸노로 돌아와 좀 더 큰 보트로 갈아탔
다. 호수 안의 아만타미 섬과 타킬리 섬을
방문하기 위해서였다. 네 시간을 가자 아
만타미 섬이 나타났다. 이 섬은 전기도 들
어오지 않고 바다 건너 볼리비아의 만년설이 덮인 고봉들이 한 눈에 들어오는
오지 중의 오지다. 푸른 호수를 배경으로 만년설이 덮인 고봉들을 보고 있노
라니 고산병으로 인한 두통은 잠시 잊을 수 있었다. 그렇지만 무엇이라도 하
고 있으면 두통이 한결 나아질 텐데 전기가 전혀 들어오지 않아 해가 지고 나
자 할 일이 전혀 없었다. 그래서 민박집 침대에 누워 긴 시간을 두통과 싸워야
했다. 게다가 칠흑같이 어두운 밤에 2층 계단을 내려와 화장실을 찾아 볼일
을 봤던 일도 두고두고 기억에 남을 추억이었다. 맹인의 삶이 얼마나 불편한
가를 실감할 수 있는 하루 밤이었다.

다음 날 다니엘이라는 주인과 이야기를 나누어보니 그 역시 후지모리의
열렬한 팬이었다. 나는 "톨레도 대통령이 같은 인디오 출신인데 왜 싫어하느
냐"고 물었다. 그러자 "톨레도는 겉만 인디오지 전혀 인디오가 아니다. 선거 때
만 인디오 흉내를 낸 것이다. 오히려 치노가 더 인디오에 가깝다"고 답했다. 한
마디로 톨레도가 겉만 갈색이고 속은 백인처럼 하얀 '흰색의 인디오'라는 이야

맑은 웃음을 짓는
다니엘

기였다. 초보적이지만 나름대로 계급적 관점에서 사물을 보고 있는 것이다. "후지모리는 그래도 부패한 독재자 아닌가?"하고 되묻자 "후지모리가 나쁜 게 아니라 몬테시노스가 나쁜 놈이었다. 몬테시노스가 잘못해 후지모리까지 괜히 욕을 먹고 억울하게 쫓겨난 것"이라며 후지모리를 옹호했다. 어딜 가나 최고 권력자는 문제가 없는데 측근이 문제라는 식의 순진한 중생들의 독재자 옹호는 비슷했다.

그러나 부엌에 들어와 함께 식사를 하며 맑은 웃음을 짓는 다니엘 일가를 보는 순간 후지모리 향수에 대한 우려도, 고산병의 고통도 다 사라졌다. 티티카카 호수와 눈 덮인 안데스 산맥의 영혼을 먹고 자란 맑은 미소를 될 수 있으면 오래, 오래 기억했다가 세속에 머리가 아플 때면 그 미소를 떠올리리라.

알베르토 후지모리 전 페루 대통령은 2005년 10월 도쿄에서 기자회견을 열고 2006년 대선 출마를 선언했고, 소속 정당인 시 쿰플레당 사무총장을 페루로 보내 대선 후보 지명 작업을 지휘하도록 지시했다. 그리고 대선 출마를 위해 5년간의 일본 도피생활을 끝내고 칠레를 경유해 페루로 돌아가려다가, 2005년 11월 7일 칠레에서 전격 체포됐다. 후지모리가 인권 유린, 부패 등 20개 이상의 범죄 혐의로 국제적으로 수배를 받고 있었기 때문이다. 후지모리는 개인 비행기를 타고 칠레 산티아고에 도착한 뒤 숙소인

메리어트 호텔에서 칠레 대법원이 발급한 영장을 제시한 경찰에 몇 시간 만에 체포됐다고 한다. 후지모리는 체포 전 성명을 통해 "페루로 돌아가기 위해 일시적으로 칠레에 머물 것"이며 "2006년 대선출마라는 국민과의 약속을 지킬 것"이라고 밝혔다. 그가 칠레를 우회 지역으로 택한 것은 최근 칠레가 페루와 영유권 분쟁으로 사이가 좋지 않고 반페루 감정이 확산되고 있는 것을 고려한 것으로 보인다는 것이 현지 언론들의 분석이다.

일본 영사관 관계자들은 칠레 헌병학교에 억류 중인 후지모리를 장시간 면회했다. 그동안 여러 차례에 걸쳐 페루 정부가 인도요청을 했지만 일본 정부는 후지모리가 일본 시민권자이기도 하다며 송환을 거부했었다. 페루가 일본에 항의하는 뜻으로 주일 대사를 소환하자 일본, 페루간의 관계는 더욱 악화됐다. 현재 칠레 법원에서 페루 정부의 인도요청 재판을 받고 있는 후지모리는 2006년 5월 18일 체포 7개월 만에 칠레 법원의 보석 결정에 의해 풀려나 산티아고의 부촌에 있는 거처로 사라졌다.

또 2006년 대선에서는 좌파 민족주의자의 당선 가능성이 매우 높았으나 막판에 1980년대 대통령을 지내다 경제를 파탄내고 해외로 도주했던 알란 가르시아가 다시 당선되었다.

Mexico

멕시코

과달라하라 ● 테오티우아칸
● 멕시코시티
베라크루스
쿠에르나바카

치첸이사
● 툴룸
유카탄 반도

20세기의 서막을 사파타로 상징되는 농민이 열었다면,
이제 멕시코는 또 다른 혁명으로 21세기를 열고 있다. 역사의 패자 인디오에게도
진정한 여명은 오는 것일까.

71년 만의 정권교체

해발 2천 5백 미터의 멕시코시티를 벗어나 남쪽 평지로 향하다 보면 몰레로스 지방이 나타난다. 더운 기후 때문에 스페인 영주들이 사탕수수를 재배하던 지역으로 멕시코를 정복한 에르난 코르테스가 무려 2만 4천 명의 농노들을 거느린 초대형 농장 아시엔다를 가지고 있던 곳이다. 농민 착취 역시 혹독할 수밖에 없었다. 그래서 이 지역은 80년 전 '땅과 자유'라는 구호를 들고 20세기 혁명의 서막을 연 멕시코혁명의 중심지가 되고 말았다. 영화 <사파타>에서 말론 브랜도가 열연한 전설적인 영웅 사파타가 활약한 곳이 바로 이곳이다.

코르테스의 옛 궁전이 있는 쿠에르나바카에 들어서자 챙이 큰 밀짚모자를 쓰고 말을 달리며 칼을 빼든 사파타의 웅장한 동상이 반갑게 맞았다. 사파타의 동상을 바라보자 문득 떠오른 것이 농민들은 "한 자루의 감자들a sack of potatoes"이라는 마르크스의 유명한 구절이었다. 즉 마르크스는 사회혁명의 주역을 단순히 빈곤이나 피착취 계급을 넘어서 서로 소통하고 스스로를 하나의 세력으로 조직할 수 있는 능력에서 찾으려했다. 그래서 공장에 모여 함께 노동하는 노동자들과 달리 고립되어 혼자 작업을 하는 농민에 대해서는 부정적 인식을 할 수밖에 없었다. 농민들은 모아 놓아봐야 하나의 혁명세력이 아니라 고립되어 있는 "한 자루의 감자들"밖에 되지 못할 것이라는 비유였다. 그러나 한 인류학자가 지적했듯이 멕시코혁명을 비롯해 20세기의 위대한 혁명들은 대부분 농민들이 일으킨 것이다.

20세기 멕시코의 서막을 사파타로 상징되는 농민이 열었다면, 이제 멕시

사파타의 동상

코는 또 다른 혁명으로 21세기를 맞고 있다. 그러나 이번 혁명은 1백만 명 이상의 목숨을 앗아간 처절한 유혈의 내전이 아니라 투표용지라는 '종이 총탄'에 기댄 무혈의 '종이 혁명'이다. 2000년 12월 1일 보수야당인 국민행동당의 비센테 폭스가 대통령에 취임함으로써 멕시코혁명의 후유증이 다소 진화됐다. 형식적으로나마 근대적 정치의 틀이 갖춰진 1929년 이후 무려 71년 만에 최초로 정권이 교체된 것이다. 말이 71년이지, 소련을 제외할 경우 장기집권의 일당 독재하면 떠오르는 몰락한 공산당들이 모두 1945년 이후 집권해 기껏 40~50년 명맥을 유지한 것을 생각하면 엄청난 것이다. 사실 공산당의 원조인 소련공산당은 72년 집권했으니 세계에서 두 번째로 오랜 장기집권이 막을 내린 것이다.

멕시코는 혁명 뒤 성과를 제도화하기 위해 노동자들의 권익 확대, 농지개혁, 민족주의적 산업정책 등 개혁정책들을 수행해 나갔다. 그런 정책의 일환으로 1929년 만든 것이 바로 지난 71년 동안 멕시코를 지배해온 제도혁명당이다. 멕시코는 제도혁명당의 통치 아래 개혁정책들을 수행해 나가는 한편 미국과 영국의 석유회사를 국유화하는 민족주의적 정책을 펴나갔다. 그 결과 빠른 경제성장, 공정한 분배, 정치적 안정을 이루면서 라틴아메리카의 모범국으로 칭송을 받기도 했다.

그러나 제도혁명당의 장기집권이 이어지면서 부정부패가 제도화되는 등 심각한 부작용들이 드러나기 시작했다. 6년 단임제에 따라 제도혁명당 후보들 사이에 정권은 교체됐지만, 사실상의 일당독재 아래서 대통령은 무소불위의 권력을 누리는 '제왕 대통령'으로 행세하며 엄청난 부정축재를 했다. 그뿐 아니라 경찰, 관료 등이 권력을 사유화해 부패가 만연했다. 제도혁명당은 노조, 농민 등 사회 각계에 대해서도 지도층에게 특혜를 주고 충성을 맹세받는, 코포라티즘이라는 주고받기식 거래에 기대 사회 전체를 부패로 물들여 갔다. 게다가 국가주도 경제에 따른 정경유착과 폐쇄적 경제정책의 부작용으로 경제위기가 일상화됐다. 그 결과가 1982년 외채위기와 외채 모라토리엄 선언이다.

그 뒤 멕시코는 미국시장에 완전 통합되는 것을 의미하는 북미무역자유협정에 가입하는 등 신자유주의 정책과 개방을 추진해왔다. 그러나 이런 조치가 오히려 경제위기를 불러와 1994년 말 또 한 차례 외채위기를 겪었다. 게다가 NAFTA의 주역인 카를로스 살리나스 전 대통령의 정적 암살 혐의, 대형 부정부패 의혹까지 겹쳐 제도혁명당은 몰락의 길을 걸었다. 그 결과로 나타난 것이 바로 이번 정권교체다. 1982년 외채위기가 '멕시코 모델'의 한 축인 경제모델의 몰락을 의미했다면, 이번 정권교체는 나머지 반쪽인 정치모델의 몰락을 의미한다. 다시 말해, 경제모델이 먼저 무너지고 정치모델이 최근에 무너진 것이다. 1987년 민주화에 의해 정치모델(개발독재의 독재체제)이 먼저 붕괴하고 경제모델(발전국가라는 국가주도형 경제)은 1997년 외환위기에 의해 나중에 붕괴한 한국에 비교해보면, 멕시코는 정반대의 수순을 밟고 있는 셈이다.

멕시코시티에서 만난 지식인들의 반응은 양면적이다. 우선 정권교체 자체에 많은 기대를 가지고 있다. 특히 폭스 대통령이 인권운동가를 인권 관련 책임자로 앉히고 1968년 멕시코올림픽 당시 1천여 명의 시위 대학생을 학살한 사건 등 과거 인권탄압에 대한 진상규명을 지시한 것에 크게 고무돼 있었다. 무엇보다도 멕시코 국민들이 숙명처럼 받아들여온 제도혁명당의 멍에에서 벗어나 무언가 바꿀 수 있다는 자신감을 갖게 된 게 가장 큰 발전이라는 것이다. 한편 적지 않은 지식인들은 살리나스 전 대통령이 개혁이라는 이름 아래 민영화를 강행하다가, 특정 업체에 특혜를 줘 더 큰 부정을 저지른 예를 상기시키며 냉소적 반응을 보였다. 또 설사 폭스 대통령이 개혁을 하려고 해도 의회와 지방정부에서 소수 세력에 불과하고, 폭스 자신이 매우 보수적인 시장주의자라서 과반수 확보에 필요한 좌파 민주혁명당(의석수 18퍼센트)의 협력을 얻어내기도 쉽게 않을 것이라는 비판적 견해도 있었다. 게다가 정치권은 그렇다고 치더라도 제도혁명당이 지난 70년 동안 사회 각 분야에 만들어놓은 코포라티즘에 뿌리를 둔 저항을 이겨나가는 것이 불가능하다고 말했다.

정치도 정치지만 가장 심각한 문제는 사회경제적 문제다. 물론 멕시코가 심각한 경제위기를 겪고 있는 남미의 다른 나라들에 비해 상대적으로 사정이 나은 것은 사실이다. 한인들도 최근 아르헨티나, 페루, 파라과이 등에서 멕시코로 재이민을 와, 과거 1천 명 내외에 불과하던 교포가 1만 명을 넘어섰다.

그러나 이런 상대적인 경제호황의 대가로 외국자본의 경제 지배와 심각한 사회적 양극화를 겪어야 했다. 1999년 멕시코는 인구 절반이 절대 빈곤층으로 개방 전에 비해 두 배 이상 늘어난 것이다. 멕시코시티에 가서 쉽게 부딪히는 걸인들을 보면 곧바로 느낄 수 있다. 폭스 대통령은 심각한 빈부격차 해결을 주요 국정목표로 제시하고 있지만 현지 지식인들의 반응은 차갑기만 하다. 코카콜라 중역 출신인 폭스는 빈부격차 해소와는 거리가 먼 시장주의자로서 주요 경제 각료들을 기업인들로 채웠을 뿐 아니라, NAFTA를 넘어서 북미공동시장 설립을 주장해온 사람이라는 것이다. 또 설사 폭스가 빈부격차를 해소하려는 의지를 갖고 있더라도 복지정책을 추진할 예산도 없고, 개방정책과 시장주의, 즉 신자유주의 정책들을 고수하는 한 빈부격차는 더 커질 수밖에 없다고 말한다. 사파타의 동상을 올려다보며, 비극으로 끝난 제도혁명당의 20세기 멕시코혁명처럼 이번 21세기 선거혁명도 또 한 차례의 배반된 혁명으로 끝나버리지 않기를 기원했다.

71년만의 정권교체를 이룬 폭스 정권의 임기가 끝난 현재 폭스 정권에 대한 평가는 부정일변도이다. 즉 초기의 기대와 달리 이룬 것이 별로 없다는 것이 좌파만이 아니라 주류 세계의 평가이다.

인디오와 사파티스타

14세기 초 풍요의 땅을 찾아 헤매던 아즈텍은 텍스코코라는 거대한 호수에 도착, 선인장에 앉아 뱀을 먹고 있는 독수리(나중에 멕시코 국기에 그려진)를 목격했다. 이 호수가 자신들이 찾던 약속의 땅이라는 계시라고 생각한 아즈텍은 도시를 건설하기 시작했는데 그곳이 바로 멕시코시티다. 멕시코시티에 도착해 놀란 것은 인구 2천만 명인 이 도시가 원래 거대한 호수에 많은 섬들이 떠 있는 아메리카 대륙의 베니스였다는 사실이었다. 그 아름다운 호수를 스페인이 매립해 지금처럼 추한 도시로 만든 것이다. 멕시코 인류박물관에 가면 매립 이전의 멕시코시티를 볼 수 있다. 꽃 장식을 한 관광보트를 타고 조치밀코(화려한 꽃으로 장식한 배들이 떠다녀 '떠다니는 정원'이라고 불린다)에 일부 남아 있는 수로를 한적하게 오르내리고 있노라면 스페인의 야만적 행동에 화가 치밀지 않을 수 없다.

　　멕시코시티의 중심인 소칼로광장에 서면 오른쪽으로 거대한 성당이 시선을 압도한다. 스페인은 아메리카 정복 뒤 어딜 가나 가장 먼저 이런 광장을 지었다. 광장 정면에는 총독부를, 오른쪽에 성당, 왼쪽에 행정부 건물, 총독부 맞은편에 상점 등 주요 민간시설을 세웠다. 이런 형식은 라틴아메리카 어디서나 쉽게 찾아볼 수 있어 멕시코만이 아니라 쿠바의 수도 아바나, 안데스 산맥의 쿠스코 등 그동안 방문한 모든 도시들이 이런 모습이었다. 그러나 독립광장이 특이한 점은 바로 그 옆에 이 도시의 원주민인 아즈텍의 부서진 신전 터가 초라하게 남아 있다는 것이다.

과달루페 성당의
검은 성모상

과달루페 성당

이 광장에 서면 현대식 건물들이 뒤로 보이면서 멕시코를 구성하고 있는 세 문명(아즈텍, 스페인, 현대 멕시코)의 존재를 한 곳에서 감상할 수 있다. 아메리카 대륙 최대 규모 광장에 걸맞게 웅장한 규모로 지어진 성당은 그 옆의 초라한 아즈텍 신전과 대비돼 승자와 패자의 역사를 잘 보여 주고 있었다. 그러나 막상 성당에 들어가 보니 사방에서 보수 공사를 하고 있었다. 돌 무게를 이기지 못하고 서서히 가라앉고 있어 1년 내내 보수공사가 진행 중이라고 한다. 남의 신전을 부숴 자신들의 신전을 만든 야만과 파괴의 역사가 짓누르는 무게를 이기고 못하고 가라앉고 있는 것이다.

도시의 북부에 위치한 과달루페 성당으로 향하자 많은 노점상과 걸인들 때문에 발을 디디기가 힘들었다. 멕시코시티에 스페인이 최초로 세운 이 작은 성당은, 어느 날 한 인디오가 검은 피부의 성모마리아를 본 것으로 전해져 이후 인디오를 가톨릭으로 개종시키는 데 결정적인 역할을 한 역사적 현장이다. 특히 당시의 그림을 분석한 교황청이 공식적인 성지로 지명해 명성이 더해지고 있다. 물론 이런 결정은 1억 명에 이르는 멕시코의 가톨릭 인구를 고려한 정치적 판단이었다는 비판도 있었다. 정작 이 성당에서 흥미로운 것은 성당 뒤편에 있는 조각 두 개였다. 하나는 처음 멕시코에 도착한 스페인 베라크루스 호를 기념한 배 돛대 모양의 하얀 조각품이었고, 다른 하나는 성모상 앞에 무릎을 꿇고서 개종을 하고 있는 인디오들을 묘사한 조각이었다. 놀랍게도 하느님의 피부색 역시 인디오처럼 짙은 갈색이었다. 한쪽에서는 예수가 흑인이었다는 주장이 제기되고 있고 아프리카와 동유럽에는 이런 검은 예수상이 많다는 이야기는 책에서 보았지만 막상 검은 피부의 성모상을 직접 보니 정말 기분이 이상했다. 인디오들이 기독교를 자기 나름대로 토착화한 결과일 것이다. 성당을 나와 노점상을 비집고 가다 한 노점의 진열대에서 스키 마스크 복면 차림을 한 남자의 사진이 눈에 띄었다. 멕시코, 아니 세계 좌파들의 새로운 전설이 돼버린 사파티스타민족해방군 부사령관 마르코스의 사진이었다.

소련과 동유럽 몰락과 함께 세계가 자본주의로 평정이 되고 멕시코가 NAFTA를 체결해 선진국이 될 꿈에 부풀어 있던 1994년. 사파티스타 농민군은 남부의 치아파스에서 반란을 일으켜 세계를 놀라게 했다. 신자유주의적 세계화에 따라 경제적 국경 없는 북아메리카 대륙을 만들 NAFTA가 시작되는 1994년 1월 1일 새벽. 치아파스의 관광도시 산 크리스토발에는 스키 마스크를 쓴 인디오 수백 명이 총을 들고 사파티스타의 깃발을 흔들고 있었다. 마르코스의 표현대로 "월스트리트의 주식시장에 우리의 피를 약간 뿌려" NAFTA에 찬물을 끼얹은 것이다.

오랫동안 소외된 집단인 멕시코의 인디오들은 남부에서 수백 년 동안 옥수수 생산 같은 농업에 종사하고 있었다. 가뜩이나 극심한 가난에 시달려온 인디오들은 멕시코가 NAFTA를 체결해 주식인 옥수수시장을 개방하자 "사망 선고"를 받고 만 것이다. 그래서 피정복자 인디오는 농민봉기를 통해 반란을 일으켰다. 멕시코혁명의 영웅인 사파타는 또 다른 농민군 지도자 판초빌라와 함께 멕시코시티의 대통령궁을 점령하고 멕시코혁명을 성공으로 이끌었다. 하지만 새로운 정부를 상대로 농민들의 요구를 관철하기 위해 투쟁하다가, 멕시코혁명 당시 농민군 덕분에 대통령이 된 카란자가 보낸 자객에 암살되고 말았다. 당시 사파타가 타고 다니던 흰말이 사라지자 멕시코 농민들 사이

스타가 된 마르코스 부사령관

에는 흰말을 타고 달리는 사파타를 봤고 사파타가 살아 있으며 자신들이 어려울 때면 다시 나타나 구해 줄 것이라는 전설이 전해 내려오고 있다. 바로 이 전설에 따라 '사파타를 따르는 농민군'이라는 뜻의 사파티스타 농민군이 탄생한 것이다.

이후 농민군은 정부군의 공세에 밀려 1백 50명이 목숨을 잃고 밀림지대로 후퇴하고 말았지만 남부지역의 농민 문제는 아직도 심각한 멕시코의 화약고로 남아 있다. 또 검은 스키 마스크로 복면을 하고 별이 달린 전투모를 쓴 백인 출신의 지식인이자 신비의 지도자인 마르코스는 산간벽지에서 인터넷을 통해 주옥 같은 글을 전세계에 써보내면서 21세기 정보화시대의 새로운 혁명가로 인기를 끌고 있다. 라틴아메리카 문학을 읽다보면 전설과 신화, 꿈 이야기가 자주 등장해 몽환적이고, 신비롭고, 초현실적이라는 느낌을 받는다. 유학 시절에 만난 어느 라틴아메리카 친구는 너무도 척박하고 비참한 현실이 문학을 이런 신비주의로 흐르게 만든 것이라고 말했다. 마르코스의 글에도 이런 신비주의적 요소가 흘러 넘친다. 딱딱한 정치적 메시지를 탁월한 문학적 표현에 실어 보내는 마르코스가 복면을 벗고 본격적으로 글쓰기에 나설 경우 떼돈을 버는 것은 시간문제라고 판단한 세계 출판계가 판권을 따내려고 침을 흘리고 있다. 또 멕시코의 주요 관광지에는 마르코스의 사진이 인기상품으로 팔리고 있는데, 나는 장난스럽게 가운데 손가락을 세워 세상을 향해 욕을 하고 있는 사진을 기념품으로 샀다.

마르코스는 얼마 전 침묵을 깨고 71년 만의 정권교체에 맞춰 "새로운 악몽이 다시 찾아오는 것인지, 아니면 드디어 여명이 밝아오는 것인지 알 수 없는 일"이라고 논평했다. 폭스 대통령 역시 취임사에서 "멕시코와 치아파스에 새로운 여명이 열렸다"며 마르코스의 논평에 응답했다. 또 치아파스 지역의 도로봉쇄를 해제하고 군을 철수시켰으며 인디오의 자치권 확대를 보장하는 개헌을 약속했다. 그러자 마르코스는 자신이 농민군 대표를 이끌고 직접 의회에 출두, 개헌의 필요성을 설명할 것이라고 답했다. 그러나 의회 소수파인 폭스가 개헌안을 의회에서 통과시킬 수 있을지 미지수며, 근본적으로 멕시코가 처해 있는 구조적 조건을 고려할 때 새 정부가 문제를 얼마나 해결해줄 수 있을지는 더욱 의문이다. 역사의 패자 인디오에게도 진정한 여명은 오는 것일까.

스키 마스크를 벗다가 만 마르코스

멕시코에 다녀 온 뒤 신임 대통령 폭스와 사파티스타의 평화협상이 순조롭게 진행됐다. 마르코스는 엄청난 지지자들을 이끌고 '땅의 색채 행진'이라는 이름 아래 멕시코 전국을 횡단해 2001년 멕시코시티에 입성했다. 그리고 오늘날은 무장투쟁이 유효한 시대가 아니라고 선언하며 무기를 내려놓았다. 또 곳곳에 대표단을 보내 좌파 노동자와 학생들을 한데 불러모아 "무기없이, 평화적으로" 새로운 정치세력을 조직하고 원주민의 권리와 문화를 보호하는 새 헌법을 만들겠다는 의사를 밝혔다.

그러나 개인적으로 이런 소식을 접하면서 사파티스타가 그동안 투쟁해온 자치권, 나아가 11개 요구 사항인 '일자리, 땅, 집, 빵, 의료, 교육, 민주주의,

자유, 평화, 독립, 정의'를 얻을 가능성은 거의 없다고 생각했다. 그리고 떠오른 것은 사파티스타의 정신적 스승인 사파타의 경험이었다. 마르코스와 사파티스타가 빼앗긴 권리들을 찾기 위해 자유주의 성향의 기업인 출신 폭스 대통령과 연대하기 90년 전에, 사파타는 디아스의 독재에 저항하고 빼앗긴 땅을 찾기 위해 북부의 자유주의적 대농장주 프란시스코 마데로와 손을 잡았다. 혁명이 성공하고 마데로가 대통령에 올랐지만 사파타에게 약속한 토지를 돌려주지 않았고, 결국 사파타와 농민들은 다시 총을 들어야 했다. 그리고 사파타는 암살당했다.

이런 비극이 사파티스타와 마르코스에게 반복되지 않기를 빌었지만 결국 예상대로 폭스 정부와 의회는 약속을 지키지 않았고 마르코스와 사파티스타는 다시 자신들의 본거지로 돌아가 총을 들어야 했다. 이후 사파티스타는 마을의 자치권을 수호하고 마을단위에서 아래로부터의 민주주의가 실현되는 자치모델 실험에 전력을 투입했다.

그러던 마르코스와 사파티스타가 2005년 10월 다시 침묵을 깨고 '또 다른 선거'라는 새로운 좌파정치 프로젝트를 발표했다. 이는 폭스 정부가 실패한 가운데 2006년 7월 차기 대통령 선거가 가까워지자 멕스코시티 시장이었던 좌파 정치인 안드레스 마누엘 오브라도르가 여론조사에서 선두를 달리고 있던 것과 관련이 있다. 사파티스타는 선언문에서 오브라도르는 원주민의 권리 등에 관심이 없는 가짜 좌파라고 강조했다. 또 사파티스타는 민주혁명당을 포함한 모든 정당에 반대하며 공식선거가 진행될 2006년 초부터 공식선거와는 별개로 '또 다른 선거'를 추진하겠다는 의사를 밝혔다. 원주민 투쟁뿐 아니라 착취당하고 억압당하는 모든 민중들과 아래로부터 새로운 국가를 건설하는 좌파 프로젝트를 추진할 것이라고 전했다. 이를 위해

2006년 1월부터 6개월간 총을 내려놓고 다시 한번 전국을 돌며 각 지역의 민중들과 좌파 조직들을 만나 토론하는 국토횡단 여행을 한다는 것이다. 약속대로 마르코스는 국토횡단 여행을 했다. 그리고 대통령 선거에서 오브라도르가 승리를 하는가 싶었으나 접전 끝에 패배했다. 그러나 그의 지지자들은 팽팽한 선거에서 개표부정이 있었다며 선거결과에 불복, 저항성부를 구성했다.

혁명의 도시 - 멕시코시티

멕시코시티는 혁명의 도시다. 멕시코시티는 혁명 유적이 세계에서 가장 많다고 할 수 있는 아메리카 대륙의 파리다. 러시아혁명과 함께 20세기의 양대 혁명으로 일컬어지는 멕시코혁명의 본거지니 어쩌면 당연한 일이다. 그러나 멕시코시티에서는 파리와 다른 독특한 혁명도시의 맛을 느낄 수 있다. 멕시코가 세계에 자랑하는 벽화를 자유롭게 즐길 수 있는 멕시코시티, 세계 벽화의 메카라는 점에서 미술 애호가들에게는 너무도 좋은 미술의 천국이다.

　　사실 LA만 해도 이스트엘에이 East LA 등 멕시코계가 많이 거주하는 지역을 지나다보면 대형 벽화들을 자주 볼 수 있다. 이런 벽화의 전통은 바로 멕시코에서 수입된 것이다. 서구 미술에서 벽화는 미켈란젤로의 이탈리아 성당 벽화를 정점으로 자취를 감췄다. 사라진 이 전통이 멕시코혁명과 함께 멕시코에서 다시 만개한 것이다. 그리고 그 중심에는 멕시코 벽화 3인방이라 불리는 디

<기로에 선 인간>의 일부

에고 리베라, 데이비드 시케이로스, 호세 오로스코가 있다. 특히 멕시코 벽화의 아버지, 아니 현대 세계 벽화의 아버지라고 할 수 있는 디에고 리베라가 자리 잡고 있다. 디에고 리베라는 이탈리아에서 미켈란젤로의 벽화를 연구하고 돌아와 멕시코의 토착 예술과 접목해 멕시코 벽화를 세계적인 현대예술의 걸작품으로 올려놓았다. 벽화 3인방은 멕시코혁명과 1920년대 대공황에 따른 좌파적 분위기, 혁명정부의 민중주의적 예술정책, 그리고 멕시코의 정체성을 찾으려는 민족주의적 성향과 결합해 멕시코 정부의 풍부한 재정 지원 아래 엄청

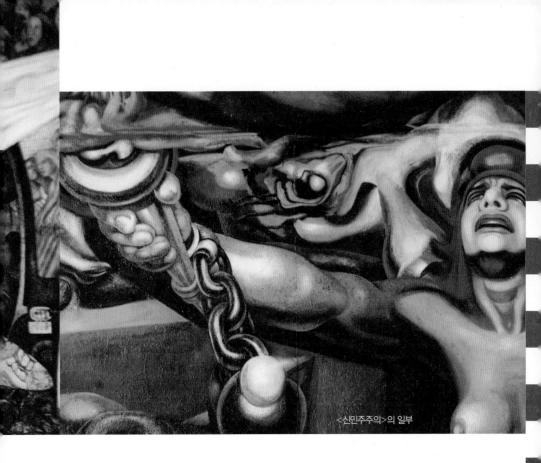
<신민주주의>의 일부

난 크기의 벽화 걸작들을 무수히 만들어냈다.

　이제는 딱딱한 사회과학을 연구하며 밥을 벌어 먹고 살지만 한때 미술학도로서 미술대학 진학을 꿈꿨던 내가 화집으로만 접하던 벽화들을 직접 본다고 생각하니 신방 앞에 선 새색시처럼 가슴이 뛰었다. 사실 미대를 가고 싶어 그림을 열심히 그렸는데, 그림은 취미로 해야지 직업으로 삼는 게 아니라는 아버지의 반대로 꿈을 접어야 했다. 그래서 외교관이 되어 세계를 다니며 그림을 그려야겠다는 단순한 생각으로 정치학과에 진학했다. 그러다 선배를 잘못 만나 운동권에 발을 들여놓으면서 완전히 붓을 꺾어야 했기에 그림에 대한 미련은 늘 가슴 한켠에 남아 있었던 것이다.

가장 먼저 찾은 곳은 멕시코 국립예술원. 실내 벽에 설치된 리베라와 시케로스의 명작들을 만나볼 수 있었다. 무료로 감상할 수 있는 대다수 벽화들과 달리 이 벽화들을 보려면 입장료를 내야 했지만, 작가들의 명성을 생각하면 입장료 정도는 문제도 아니었다. 이곳 벽화 중 가장 주목할만한 것은 리베라의 <기로에 선 인간>과 시케이로스의 <신민주주의>. <기로에 선 인간>은 원래 리베라의 명성을 들은 록펠러가 새로 지은 미국 RCA 건물 벽화로 쓰기 위해 거액을 주고 의뢰한 작품이다. 네 개의 타원형이 교차하는 곳에 한 인간을 그려 인류의 미래를 상징했고, 오른쪽에는 세계대전과 파시즘을 상징하는 철모와 방독면을 쓴 군인들, 그리고 탐욕스러운 자본가들을, 왼쪽에는 일하는 노동자들과 자라나는 식물을 각각 그린 이 벽화는 역시 화집에서 본 것처럼 걸작이었다.

1920~30년대 세계 지식인들의 분위기를 반영해 좌파적 시각이 강했던 리베라는 이 그림 중간에 레닌의 얼굴을 그려 넣었는데, 록펠러는 전체적인 그림 분위기에 불만을 가지면서도 꾹 참고 레닌 얼굴만은 없애 달라고 요구했다. 이런 요구를 리베라가 거절하자 화가 난 록펠러는 이 그림을 사서 부숴버렸다. 그러자 리베라는 록펠러한테서 받은 돈으로 원작의 스케치에 기초해 똑같은 작품을 만들어 멕시코 정부에 기증했다. 이 그림을 보고 화가 머리끝까지 치밀었을 록펠러를 생각하니 웃음이 절로 터져 나왔다.

붉은 투구를 쓰고 아름다운 젖가슴을 드러냈지만 전통적 여성상과는 달리 근육으로 뭉친 강인한 팔뚝으로 사슬을 끊고 앞으로 달려나오는 여자의 모습을 그린 <신민주주의>는 2층 한쪽 벽을 차지하고 있었다. 1층 입구에서 올려다보기만 해도 벽을 부수고 나올 것 같은 강렬한 힘에 전율이 느껴졌다. 화집, 그리고 루브르 박물관 등에 걸린 많은 진품 명작들을 봤지만 이렇게 강한 전율을 느껴보기는 처음이었다.

리베라가 넓은 의미의 진보적 민중주의자였다면, 시케이로스는 골수 마르크스주의자였다. 리베라의 그림이 토속적이고 민중적 냄새가 강하다면 시케이로스는 현대적이며 도시적이다. 리베라가 대서사시 「금강」의 작가로 토속적이었던 신동엽을 연상시킨다면, 시케이로스는 모더니즘 시인 김수영을 연상시킨다. 리베라가 여러 역사적 인물을 배치해 메시지를 전달하는 식으로 역사를 서술했다면 시케이로스의 그림은 상징적이고 힘이 넘친다.

그런데 재미있는 것은 멕시코에 망명 중인 트로츠키를 암살하려고 했던 사람이 바로 시케이로스였다는 사실이다. 시케이로스를 비롯한 멕시코 공산당원들은 트로츠키를 반혁명분자로 보고 그를 처단하기 위해 경찰복장으로 위장해 트로츠키의 집으로 찾아갔다. 그리고는 침실에 수백 발의 총격을 가했으나 트로츠키는 침대 밑에 몸을 숨겨 살아남을 수 있었다. 이후 시케이로스는 소련의 압력으로 가벼운 판결을 받아 이곳에 외교관으로 와 있던 네루다의 주선으로 비자를 받아 칠레로 갔고 그 보답으로 칠레 남부 치안에 거대한 벽화를 그려줬다고 한다.

독립광장에서 가까운 교육부 건물, 예수회 성당, 멕시코국립자치대부터 쿠에르나바카의 코르테스 궁전 등 멕시코시티와 그 근교는 무료 벽화들을 무수히 관람할 수 있는 벽화의 천국이었다. 특히 리베라의 그림은 많은 역사적 인물과 사건을 등장시키고 있어 그림들을 뜯어보고 있노라면 시간 가는 줄 몰랐다. 리베라는 코르테스는 흉악하게 그리고 아즈텍 등 옛 멕시코의 삶은 아름답게 묘사해 서구의 멕시코 지배에 대한 강한 저항의식을 보여줬다. 또 미켈란젤로의 성화처럼 과거, 현세, 내세로 화폭을 구별해 민중의 삶을 그려내는 등 그림 구성에 흥미로운 점이 한둘이 아니었다.

얼마 전 영화화되어 국내에도 소개됐던 천재 여성화가 프리다 칼로 기념미술관도 찾았다. 그녀의 기념관은 멕시코시티의 또 다른 명물인 레온 트로츠키 기념관 바로 옆에 있어 한 번에 두 명소를 방문할 수 있었다. 프리다 칼로는 리베라의 부인으로 현대 페미니즘운동이 새롭게 조명하고 있는 천재화가인데, 칼로와 리베라가 살던 집을 기념관으로 만들었다. 이 기념관은 건물을 온통 칼로가 좋아했던 푸른색으로 칠한 것이 인상적이었다. 교통사고로 하반신이 마비돼 아이를 낳지 못한 칼로는 정치적으로는 좌파였지만 남편인 리베라와는 달리 초현실적인 그림을 그렸다. 자유롭게 자신의 삶을 살았던 여성화가로 주목을 받는 칼로는 많은 자화상을 남기기도 했다. 그 특이한 기법과 색조를 바라보고 있자니 신체적 고통과 남편 리베라의 바람기 때문에 괴로워하던 한 여인의 고통이 생생하게 전해지는 것 같았다. 그녀는 리베라의 외도에 대한 저항으로 트로츠키와 1년 가까이 불륜 관계를 유지했고 이를 알게

트로츠키 초상과 흉상

된 리베라는 트로츠키주의를 청산하고 트로츠키와 단교를 했다고 한다.

그곳에서 10분 정도 걸어가자 허름하고 낡았지만 꽤 큰 트로츠키 기념관이 나타났다. 미국의 지지자들이 구입해준 것으로 트로츠키가 살다 숨을 거둔 곳이다. 레닌, 스탈린과 함께 러시아혁명을 이끈 세 명의 지도자 중 한 명인 트로츠키는 레닌이 죽고 스탈린의 독재가 시작되자 러시아혁명이 노동자들을 배반하고 일당독재로 변질하고 있다고 비판했다. 결국 스탈린에 의해 유죄를 선고받은 뒤 멕시코로 망명했다. 트로츠키가 멕시코로 망명할 수 있었던 이유는 따로 있었다. 당시 석유산업의 국유화와 민족주의적 정책으로 러시아 공산주의의 꼭두각시라고 비난을 받고 있던 라사로 카르데나스 대통령이 1937년 멕시코가 스탈린의 위성국가가 아니라는 것을 보여주려고 그의 망명을 허용했기 때문이다. 어쨌든 트로츠키는 망명 후에도 『영구혁명론』 등의 저서를 통해 스탈린 체제를 계속 비판하다가 스탈린이 보낸 자객의 손에 숨을 거두어야 했다. 이후에도 계속 반역자 취급을 받다가 소련 동구가 몰락한 뒤에야 복권이 된 불운의 혁명가이다.

이런 이유로 좌파적이되 스탈린주의와 같은 현존 사회주의 체제에 비판적이었던 서구의 마르크스주의자들은 트로츠키를 지지하는 이들이 많다. 그들은 현존 사회주의는 사회주의가 아니라 국가가 자본주의를 실행하는 국가자본주의에 불과하다는 등 독자적인 목소리를 내고 있다. 나 역시 이제는 동의하지 않지만 학문적으로, 그리고 정치적으로 성숙하기 전에는 트로츠키의 주장에 매료된 적이 있었다. 그래서 가난했던 대학생 시절 비싼 돈을 주고 아이작 도이처의 3부작 트로츠키 전기를 원서로 사서 읽기까지 했다. 기념관 앞

적군을 사열하는 트로츠키,
그리고 그 앞에 선 필자

에 서자 감개가 무량했다.

집에 들어서자 트로츠키의 초판 저서들과 역사적인 사진들이 나를 맞았다. 특히 특유의 곱슬머리에 검은테 안경을 쓴 트로츠키가 손을 치켜든 채 서구 제국주의 국가들과 구지배세력의 무력 침공에 맞서 조직한 적군Red Army을 사열하는 전성기의 사진이 인상적이었다. 전시실을 지나 정원으로 나오자 낫과 망치를 조각한 회색 돌 위에 붉은 기가 나부끼고 있어 순간적으로 옛 소련에 와 있는 듯한 착각이 들었다. 옆으로 걸어가자 트로츠키가 두고 온 조국을 잊기 위해 손수 기르던 닭과 토끼들이 닭장과 토끼장 안에서 나를 빤히 바라봤다. 바로 트로츠키가 이곳에서 먹이를 주다가 자객의 손에 목숨을 잃었다는 사실을 상기하면서, 엉뚱하게도 소련에서 수천 마일 떨어진 멕시코 땅에서 스탈린의 테러정치를 간접적으로나마 실감할 수 있었다.

유카탄과 마야 문명

페루의 잉카문명과 함께 아메리카 대륙의 양대 문명이던 마야의 유적지를 찾아 유카탄 반도로 향하면서 문득 1980년 한 책방에서 발견한 『야만의 멕시코Babarous Mexico』라는 책이 생각났다. 1920년대에 멕시코를 여행한 미국의 한 진보적인 언론인이 멕시코의 비인간적인 상황을 고발한 책이다. 저자는 유카탄 반도에서 사슬에 묶여 노예처럼 고된 노동을 하고 있는 동양인을 만난 이야기를 풀어 놓았다. 그런데 이 사람들은 자신이 코리아에서 왔다고 이야기하며 눈물을 흘렸다는 것이다. 너무 큰 충격을 받은 나는 그 이야기를 한국의 아는 언론인에게 편지로 알려줬고, 결국 그 이야기는 한 작가의 취재에 기초해 『애니깽』이라는 소설과 영화로 알려지게 됐다. 그런 사연이 있기에 유카탄으로 향하는 느낌은 남달랐고, 비행기에서 유카탄 반도를 내려다보며 저 아래 어딘가에 우리 조상들의 피눈물이 고여 있을 것이라는 생각을 지울 수 없었다.

낫과 망치가 새겨진 회색 돌 위에 붉은 깃발이 걸려 있다

"거대한 카이로다."

스페인이 쿠바를 정복해 신대륙 진출 전초기지를 세운 지 25년 뒤인 1517년, 새로운 먹이를 찾아 항해 중이던 스페인군은 유카탄 반도 해변에 세워진 거대한 성벽과 피라미드를 발견하고 놀라움에 이렇게 소리쳤다고 전해진다. 이 군인들이 발견한 것은 멕시코 곳곳에 산재한 수많은 인디오 유적 중 유일하게 바다를 향해 세워진 툴룸이었다. 한때는 난공불락의 요새를 지켜주던 높이 4미터, 두께 43미터, 둘레 6백 50미터에 이르는 방호벽 잔해들을 지나 언덕 위로 올라가자 부서진 신전이 나타났다. 신전에 서자 야자수와 하얀 백사장을 배경으로 끝없이 이어진 산호색 카리브 해가 보였다. 절로 탄성이 나오는

툴룸의 신전과 카리브 해

풍경이었다. 왜 마야인들이 8백 년 전에 이곳에 신전을 세웠는지 충분히 이해할 수 있을 만큼 아름다웠다. 그리고 신대륙에 이런 도시가 있다는 사실에 놀란 스페인 병사들만큼이나 이방인의 배에 놀랐을 인디오의 당혹감을 상상할 수 있었다. 툴룸이 해변에 위치한 탓에 불행하게도 스페인의 야만적인 파괴와 약탈의 첫 희생지가 됐지만, 이것은 기나긴 파괴의 역사의 시작에 불과했다.

그러나 유카탄 반도의 최대 마야 유적지인 치첸이사는 마야인들이 서기 400년부터 8백 년 동안 거주하다가 다른 곳으로 이주, 스페인이 도착했을 당시에는 정글로 뒤덮여 있었다. 그 덕에 스페인의 손길을 피할 수 있었고 현재까지 잘 보존돼 유엔 세계문화유산으로 지정될 수 있었다.

가장 먼저 찾은 곳은 이 도시의 급수원이자 산 사람을 신에게 제물로 바치던 악명 높은 인신공양의 현장인 신성한 우물 세노테. 높은 벼랑으로 둘러싸여 작은 호수라고 해도 좋을 이 거대한 우물 앞에 서자, 세계에서 가장 아름다운 상형문자(마야는 잉카 등 신대륙의 다른 고대문명과 달리 문자를 가지고 있었다)를 만들고 놀라운 첨성술을 터득하는 등 다른 문명과 격리돼 있으면서 놀라운 문명을 이룩한 점에 감탄하지 않을 수 없었다. 하지만 가뭄 같은 자연재해를 극복하기 위해 산 사람을 우물에 던져 넣던 야만성은 끔찍하게 느껴졌다. 인간의 무지 때문에 죽어간 수많은 영혼들을 안은 채 고요하게 고여 있는 짙은 녹색 물은 그 영혼들의 아픔만큼이나 깊이를 알 수 없었다.

우물을 지나 열린 광장으로 나가자 거대한 피라미드가 시선을 압도했다. 이미 가본 적이 있는 이집트의 피라미드에 비하면 크기 면에서 비교가 되지 않지만 신대륙, 그것도 정글 속 오지에 사방 60미터, 높이 25미터의 거대한 피

유카탄 반도의 피라미드

라미드를 만들었다는 점이 놀라웠다. 그리고 이집트 피라미드와 달리 각 면에 계단을 만들고 꼭대기에 신전을 만들었다는 점이 색다르면서도 이곳에서 수천만 마일 떨어진 이집트와 비슷한 모양의 피라미드가 존재한다는 것이 무척 신기했다. 이 피라미드는 각 계단이 91개로, 사방을 합치고 신전 앞 계단 한 개를 더하면 365개가 된다. 일년의 주기에 맞춰 건축된 것이다. 또 춘분과 추분이면 계단 밑둥치에 설치된 뱀 머리에 그림자가 계단을 타고 이어져 뱀이 신전에서 내려오는 것처럼 보이게 설계됐다. 그 앞에서 안내원이 시키는 대로 손뼉을 치자 그 소리가 피라미드 꼭대기로 흡수돼 반향을 일으키며 정확하게 새가 우는 소리로 되돌아왔다.

외부와 단절돼 자신이 본 것 이외에는 특별한 지식도 없는 수많은 평민들을 모아놓고 일제히 손바닥을 치게 했을 때, 그 소리가 엄청난 크기의 새소리로 돌아오는 것을 경험했을 그들의 모습이 보이는 듯했다. 또 1년에 두 번씩 정확한 시간에 그림자가 신전 계단을 타고 내려와 뱀 머리로 이어져 뱀이 땅으로 기어 내려오는 듯한 모습을 본 평민들이 얼마나 경외감에 빠졌을까 쉽게 상상이 됐다. 특히 이 피라미드는 25미터나 되지만 경사가 너무 가팔라서 올라갈 때도 힘이 들고 서서 내려오기도 힘들어 모두 기어서 내려오고 있었다.

피라미드 뒤편에는 이 지역 건축양식으로는 특이한 돔형 건물이 있었다. 가까이 가보니 그것은 천문대였다. 나중에 마야의 성서라고 할 수 있는『포폴 부』를 찾아 보니 마야의 피라미드는 이집트의 그것과는 달리 천체를 관측하기 위해 특별히 만들어졌고, 이 천문대 역시 금성의 대리자인 왕이 매일 하늘을 관찰하던 장소였다고 한다. 마야문명이 놀라운 천문학 지식을 갖고 있던 것은 우연이 아니었던 것이다.

로마의 원형경기장을 연상케 하는 대형 경기장도 눈에 띄었다. 우리의 엽전과 비슷한 모양의 구조물이 경기장 벽에 높이 걸려 있었는데, 일종의 골대인 이곳에 공을 집어넣으면 이기는 경기가 있었다고 한다. 얼른 보기에도 공놀이를 하기엔 골대가 너무 높아 보여 조금 의아했는데 해답은 역시『포폴 부』에서 나왔다. 이 공놀이 역시 제사 의식이었던 것이다. 신화의 내용이긴 하지만 사람의 머리로 공놀이를 하는 모습을 떠올리니 십수 세기 전 유카탄 반도 정글 속에서 뉴욕 양키스와 LA다저스 같은 프로팀들의 경기가 있었을 것이라는 상상은 싱거운 웃음과 함께 지워야 했다. 그것이 의례였건 유희였건, 한 선수가 다른 선수의 목을 베어 쥐고 있는 경기장 벽의 그림은 경기 당사자들에

겐 목숨을 건 사투였음을 보여주기 때문이다.

잔뜩 기대를 했던 용사의 신전은 보수공사 중이어서 올라가지 못하고 아래에서 볼 수밖에 없었다. 그렇지만 신전 위에 한 남자가 비스듬히 앉은 모양의 조각은 볼 수 있었다. 차크몰이라는 신을 조각한 이 신상은 용사들의 심장을 바치는 제단 역할을 했다고 한다. 희생자들의 고귀한 피를 통해 우주를 운행시켜 (전날 졌던 별이 다음날 다시 떠오르는 것처럼) 죽음을 생명으로 바꾼다고 믿었다고 하는데, 심장을 바친 용사들은 다시 생명을 얻었는지 궁금하다.

정복을 넘어 공존의 시대로

유카탄 반도가 마야문명의 보고라면, 중부 지역은 아즈텍문명의 중심지다. 그러나 앞에서 지적했듯이 아즈텍의 수도였던 멕시코시티의 경우 스페인의 야만적인 파괴 때문에 유적들이 별로 남아 있지 않다. 약관 34살의 스페인 문관 에르난 코르테스가 신대륙의 꿈을 안고 쿠바를 떠나 5백 명의 군사, 14대의 대포, 12마리의 말을 거느리고 멕시코 해안에 도착, 진군을 개시하자 아즈텍 왕은 1백 명의 부하들에게 금은보화를 등에 지어보내 뜨거운 영접을 했다. '이것 받고 떠나라'는 뜻의 표시는 엉뚱하게도 쿠바에서 금은보화를 찾지 못해 실망했던 스페인군에게 침략의 초대장이 되고 말았다.

스페인군은 이런 환대에도 불구하고 유카탄 반도에서 멕시코시티로 진

테호투아칸의 거대한 피라미드

군하면서 한 마을에서만 전체 주민 5천 명을 학살하는 만행을 저질렀다. 기이
한 것은 이런 만행을 저질렀는데도 코르테스가 멕시코시티에 도착했을 때 주
민 20만 명, 특히 병사 6만 명이 저항하기는커녕 환대했다는 점이다. 아즈텍이
신대륙에서 가장 잔인한 인신공양의 전통을 가지고 있고 전투적이었던 점을
감안하면 더욱 기이하다. 그리고 코르테스는 이런 환대를 역이용해 아즈텍왕
목테즈마 2세를 인질로 잡는 데 성공했고 이것을 발판 삼아 아즈텍을 점령했
다. 그러나 코르테스가 멕시코시티를 비운 사이 아즈텍의 반란이 일어나 스페

인군은 후퇴하지만, 증원군을 받은 스페인군은 물과 식품 공급을 차단한 세 달 동안의 포위작전 끝에 아즈텍 수도를 재점령한다. 그리고 인구의 절반인 10만 명을 학살했다. 그리고 하느님의 이름으로 모든 전통적 종교의식, 생활양식 등에 대해 화형과 같은 가차없는 처벌을 가해 새로운 스페인을 건설하기 시작했다. 인류 역사상 가장 잔인한 정복의 역사는 이렇게 이루어진 것이다.

역사학자들은 아즈텍이 코르테스 일행을 환대한 이유로 두 가지를 들고 있다. 하나는 10세기에 갑자기 사라진 전설적인 왕이자 신인 케찰코아틀이 언젠가 하얀 피부에 수염을 한 모습으로 돌아올 것이라는 전설 때문에 스페인군을 이 전설의 인물로 생각했다는 것이다. 또 다른 하나는 당시 신대륙에는 말 같은 탈 것이 존재하지 않았기 때문에 말을 탄 이들을 신성불가침한 초자연적인 인물로 받아들였다는 것이다. 거기에 유럽의 우수한 병기까지 더해져 당시 2천만 명에 달하던 것으로 추산되는 중미 지역의 인디언들이 불과 5백 명의 스페인군에 패배했다. 그리고 스페인의 무자비한 학살과 악독한 노동 착취에 그들이 가지고온 질병까지 더해져 인디언들은 대부분 역사 속으로 사라져야 했다.

모든 것이 파괴된 멕시코시티와 달리 근교의 테오투아칸은 한때 20만 명의 인구가 거주하는 신대륙 최고의 도시를 자랑하다가 8세기 중반부터 버려져 잡초에 덮여 있던 덕으로 상당히 많은 유적들이 보존돼 있다. '신이 태어난 곳'이라는 뜻의 이 도시는 기원전 1세기에 세워졌다. 예수 탄생 당시 이미 인구가 1만 명이나 되는 '근대적' 도시로 발전했던 곳이다. 이 도시의 상징은 '달의 피라미드'와 '태양의 피라미드'라는 한 쌍의 피라미드. 특히 한 변의 길이가 무려 2백 25미터에 이르러 유럽정복 전 신대륙 최대의 건축물이던 태양의 피라미드는 고산지대인 데다가 높이 역시 30층 높이인 63미터에 달해 꼭대기로 오르는 길은 심장이 터질 것처럼 고됐다. 그러나 정상에 오르자 '죽은 자들의 거리'라는 거대한 도시의 중심도로를 비롯해 도시 전체가 한눈에 들어왔다.

멕시코 중앙계곡 지역은 다양한 종자와 기름진 토양 덕분에 옥수수, 감자 같은 풍부한 식량이 생산돼 많은 인구를 먹여 살릴 수 있었기 때문에 건축가, 대장장이, 예술가 등 다양한 비농업 부문이 발전했다. 그래서 폭 40미터, 길이 5킬로미터의 거대한 도로를 중심으로 물을 모아 배급하고 관리하는 정교한 물 관리 체제와 대형 아파트 단지가 들어선 근대적 도시가 4~5세기에 세워졌던 것이다. 특히 적은 노동력으로도 수확량이 엄청난 옥수수는 같은 시기의 다른 지역들과 달리 기아 문제를 근본적으로 해결해줬다. 이렇게 자신들의 생존에 옥수수가 중요했기 때문에 여러 신전에 옥수수 신을 공양하기 위해 붉은 칠을 한 옥수수 모양 조각들을 볼 수 있었다.

사실 신대륙 정복을 통해 옥수수와 감자 등이 유럽 등지에 전파되면서 인류의 식량 문제는 질적인 발전을 할 수 있었다. 특히 이곳에서 전해진 고추가 아니었다면 오늘날 우리가 먹는 김치도 없었을 것이라는 생각이 들었다. 김치가 우리 문화에 자리 잡은 게 그리 오래되지 않았고 고추가 전파되기 전에는 우리도 일본의 허연 야채김치 같은 것을 먹었다. 문득 밀과 쌀, 옥수수가 이것을 주식으로 하던 유럽과 아시아, 신대륙의 문명에 어떤 영향을 끼쳤는지 분석한 프랑스 역사학자 페르낭 브로델의 연구 결과가 생각났다. 주장인 즉, 노동력이 많이 요구되면서도 수확이 적은 밀을 재배한 유럽은 착취가 가장 심해 농민반란이 끊이지 않은 반면, 옥수수가 주식이던 신대륙은 그만큼 여유 시간이 많아 거대한 신전을 세우고 종교의식이 발달했다는 것이다.

멕시코의 고대문명, 그리고 스페인의 정복사를 바라보면서 균형 잡힌 시각이 필요하다는 생각이 들었다. 자신들과 다르다는 이유(특히 인신공양)로, 원주민을 쳐부숴야 할 야만으로 단정해 강제로 기독교와 서구 문명을 심으려 했던 스페인의 행동은 분명 비판받아 마땅한 일이다. 어떤 인신공양도 신과 문명의 이름으로 인간을 잔인하게 학살한 스페인의 만행만큼 비인간적이지는 않았다. 그러나 이런 정복에 대한 비판이 전통 멕시코 사회의 문제를 외면하고 모든 옛것을 미화하는 전통 미화주의로 흘러가는 것 역시 문제다. 결국 필요한 것은 이질적인 두 문화의 평화적 공존이다. 그리고 건설적인 상호작용을 통해 상대 문화의 장점을 흡수해 나가면서 서로 발전하는 자세가 필요할 것이다. 멕시코의 옛 유적들은 문화 간의 교류가 활발해지는 지구화 시대에 어떤 모습으로 문화 교류가 이루어져야 하는지를 잘 보여준다.

과테말라

Guatemala

티칼
플로레스

아띠뜰란
안띠구아 · 과테말라시티
빠까야

더 싼 임금을 향한 하향 경쟁이 과테말라까지 영향을 주고 있으며 중국 바람으로
경제는 더욱 죽어가고 있었다. 노동자가 열악한 환경에서 착취당하는 것도 비극이지만
보다 더 비극적인 것은 실직과 가난에서 벗어날 기회조차 없는 현실이다.

다시 중미로

미인의 조건 중 하나가 잘록한 허리라면 아메리카 대륙은 단연 미인대륙이다. 그리고 그 잘록한 허리를 태평양과 대서양을 연결하는 파나마 운하가 관통하고 있다. 파나마 운하를 기준으로 북쪽에는 캐나다, 미국, 멕시코가 버티고 있고 남쪽으로는 ABC, 즉 아르헨티나Argentina, 브라질Brazil, 칠레Chile로 대표되는 남미가 자리 잡고 있다. 그러나 보다 자세히 들여다보면 북미의 3대 강국과 파나마 운하 사이에는 그만그만한 작은 가난한 나라들이 옹기종기 모여 있다. 니카라과, 엘살바도르, 과테말라, 온두라스로 이어지는 중앙아메리카(중미)국가들이다.

이 지역은 90년대 들어 사파티스타 운동의 거점이 된 멕시코 남부와 이어져 인디오들이 많고 심각한 빈부격차로 일찍이 오랜 내전을 겪었다는 공통점을 갖고 있다. 특히 이 지역은 필자가 변혁에 대한 뜨거운 마음으로 공부를 하던 1980년대 미국 유학 시절, 니카라과가 산디니스타 운동으로 혁명에 성공한 뒤 레이건 정부의 불법적인 산디니스타혁명 와해작전(콘트라 공작)에 대항해 투쟁을 하고 있었다. 대조적으로 엘살바도르는 영화 <로메로>가 보여주듯 군부가 인권운동을 돕던 가톨릭 주교를 암살하는 등 반인륜적인 극우정권의 전형을 보여주고 있었다. 나도 관련 집회에 참여하는 등 많은 관심을 가지고 지켜보았다. 특히 니카라과의 젊은 음악가들이 만든 '새로운 니카라과의 노래들'은 아름다우면서도 혁명적인 메시지를 담고 있어 나를 열광시켰다.

그러나 불행히도 네 차례나 남미를 여행하고도 중미를 여행할 기회가 없었다. 두 번 지나간 적은 있다. 2004년 12월 베네수엘라와 브라질, 페루를 여행하면서 싼 비행기 표를 구하다 보니 엘살바도르를 경유해야 해서 4시간씩 두 차례 체류한 것이다. 그러다가 2006년 2월 보름 정도 미국을 여행할 기회가 있었고, 일주일 동안 중미에 다녀와야겠다고 다짐했다. 문제는 어디를 갈 것인가였다. 예전 같으면 당연히 니카라과를 택했겠지만 산디니스타혁명이 미국의 반혁명공작과 내부 문제로 무너진 지 오래인 만큼 별로 내키지 않았다. 그래서 고른 것이 과테말라였다. 과테말라는 중미에서 가장 가난한 나라로 중미의 특징을 잘 가지고 있으면서도 티칼과 같은 세계적인 마야문명 유적과 활화산이 있어 자연경관도 뛰어났기 때문이다. 다만 심각한 사회 양극화로 치안이 매우 불안하다는 것이 걱정스러웠다. 그래서 LA에서 의류업을 하고 있는 친구에게 관광도 하고 봉제공장 시찰도 할 수 있다고 꼬드겨 함께 여행을 떠났다.

중미란 어떤 곳인가를 실감하게 한 것은 LA공항이었다. 과테말라행 심야 비행기를 타려고 공항에 갔더니 공항 밖 인도에 끝도 없이 긴 줄이 우리를 기다리고 있었다. 대부분 과테말라행 수속을 기다리는 허름한 차림의 사람들이었는데 이렇게 수속대 공간이 부족해 건물 밖으로 줄을 서는 모습은 처음 봤다. 얼마나 중미가 사람 대접을 받지 못하고 있는가를 실감하게 해주는 광경이었다. 게다가 모두들 고향으로 가지고 갈 선물을 바리바리 싸들고 있어 승객을 반도 태우지 않았는데 기내용 화물칸이 꽉 차 안내원들이 휴대용 화물은 기내에 들고 들어갈 수 없으니 화물로 부치라고 지시하는 진풍경이 벌어졌다. 과테말라의 인구는 1천 1백만 명 수준인데 미국에 살고 있는 과테말라

인은 1백만 명이 넘는다. 이들이 미국에서 고향으로 보내주는 송금액이 과테
말라의 수출액보다 크다니 이런 광경이 이해가 되긴 했다.

과테말라의 비극

과테말라는 멕시코와 같이 화려했던 마야문명의 본거지로 스페인의 지배를
거쳐 19세기에 독립했다. 과테말라는 커피, 사탕수수, 바나나를 주로 생산·수
출하는 농업국으로 다른 중남미 국가처럼 대지주 엘리트들이 지배하고 있었
다. 그런데 2차대전 후 진보적 정권이 들어서면서 격변을 겪었다. 진보정권은
역대 독재정권들이 미국의 유나이티드 푸르츠라는 회사에 줘버린 엄청난 땅을
포함한 농지에 대해 개혁을 실시하겠다고 팔을 걷고 나섰다. 그러나 이 개혁
은 미국 CIA의 공작으로 무너지고 말았다. 이후 독재정권의 철권통치가 계속
되면서 60년대 들어 좌익 게릴라가 조직화되기 시작했다. 특히 미국이 쇠고기
수출에 대한 지원을 늘리자 대지주들은 소를 키우기 위해 마야 농민의 농지를
빼앗아 목초지로 바꾸어 원주민들의 삶을 파괴했다. 결국 과테말라는 내전
상태로 들어섰다. 우익정권에 의한 양민학살과 좌익 게릴라의 보복투쟁 등 악
순환도 계속됐다(1992년 노벨평화상 수상자인 리고베르토 멘추의 삶에서 마
야 원주민들의 고통을 엿볼 수 있다).

　　그러나 소련 동구 몰락 후 무장투쟁의 효율성이 의심을 받으면서 1996
년 과테말라 정부와 좌익 게릴라들은 평화협정을 맺었다. 게릴라들이 무장해

과테말라의 천진한 어린이들

제 하면 과테말라 정부가 과거에 자행된 인권침해에 대해 책임을 묻고 원주민의 권리를 보장하며 교육, 보건 등 사회지원을 강화한다는 것이다. 이 합의에 따라 좌익 게릴라들은 무장해제했지만 정부는 거의 약속을 지키지 않았다. 오히려 과테말라 대주교 인권위원회는 1998년 우익 독재정권이 그동안의 학살에 책임이 있다고 결론지었고 이 내용을 발표한 주교가 며칠 뒤 시체로 발견됐다.

많은 나라들의 좌익 게릴라는 무장해제 후 제도권의 진보적 정치세력으로 변신해 살아남았지만 과테말라의 게릴라들은 그렇지 못한 채 영향력을 잃고 해체돼버렸다는 점은 참으로 안타까웠다. 그리고 이처럼 우익독재와 경제적 양극화를 견제할 세력이 사라지자 사회 문제는 날로 심각해지고 있다. 2002년 UNDP가 세계인간개발지수를 조사했는데 과테말라가 가난한 인근 중미 국가들을 포함해 아메리카 대륙 전체에서 꼴찌를 했다는 사실이 이것을 잘 보여주고 있다. 생활이 점점 어려워지자 강도 같은 강력 범죄가 나날이 늘고 있다. 그래서 과테말라 여행길에 나서며 가장 걱정됐던 것은 바로 안전이었다. 과테말라에 도착하자 수도인 과테말라시티의 번화가에 있는 일류호텔이나 방갈로식 호텔 등 주요 건물에는 중미 특유의 밀짚모자를 쓰고 장총을 맨 사설 경호원들이 건물 주위를 지키고 있었다. 전시도 아니고 사방에 무장경호원이라니 기가 막힐 노릇이었다.

현지에서 만난 한인 봉제업자들은 갈수록 범죄가 심해져 걱정이라고 한숨을 쉬었다. 특히 은행강도는 아주 대범했다. 은행에서 돈을 찾아 나오면 직원들이 범죄조직과 짜고 연락을 해줘서 강도들이 은행 앞 신호등에 차를 세우고 대기하고 있다. 그리고 총을 들고 방금 찾은 금액을 대며 얼마 찾았다는 걸 알고 있으니 내놓으라고 협박해 돈을 가지고 유유히 사라진다는 것이다.

안띠구아와 빠까야

과테말라의 수도는 과테말라시티지만 관광객들이 주로 찾는 곳은 수도에서 한 시간 가량 떨어져 있는 안띠구아다. 스페인 지배 당시 수도였던 안띠구아는 17세기 지진으로 파괴된 뒤 수도 자리를 현재의 과테말라시티에 뺏겼지만

십자가 언덕에서 본
안띠구아의 전경

활화산인 빠까야 산

문화자원이 풍부해 유네스코 세계문화유산으로 지정됐다. 특히 좋은 문화적 환경과 낮은 물가 때문에 장기간 체류하면서 스페인어를 배우려는 학생들이 가장 즐겨 찾는 도시라고 한다. 먼저 찾은 곳은 거대한 십자가와 아구아 화산을 배경으로 안띠구아를 한눈에 볼 수 있는 십자가 언덕. 사람이 적은 호젓한 관광지가 그렇듯 이곳 역시 강도가 출몰한다는 경고가 있어서 조심스럽게 언덕을 올라갔다. 언덕 끝에 서자 아름다운 안띠구아 시의 전경이 한 눈에 들어왔다. 사실 안띠구아에서 가장 인상에 남았던 건 이틀 밤을 보낸 카사산토도밍고 호텔이었다. 동행한 사업가 친구 덕에 클린턴 대통령 같은 유명인사가 묵었다는 이 고급호텔에 묵을 수 있었다. 산토도밍고 수도원을 그대로 살려 꾸민 데다 음악까지 그레고리 합창곡 같은 종교음악을 은은하게 틀어놓아서 정말 환상적인 분위기가 도는 호텔이었다. 과테말라에 가면 무리를 해서라도 반드시 묵어봐야 할 만큼 훌륭했다.

호텔의 고고한 분위기를 한껏 즐기고, 다음 날 아침을 맞았다. 과테말라는 활화산을 직접 체험해볼 수 있는 몇 안 되는 나라여서 날이 밝자마자 활화산인 빠까야 산을 등산하기로 했다. 사실 개인적으로 등산을 매우 좋아해 가까운 산으로 자주 등산을 갔는데 새만금 사업에 반대하는 삼보일배 마지막 날 동참을 했다가 큰 키 때문인지 무릎이 나가버렸다. 통증 때문에 등산을 포기했었는데 활화산 등반이라는 귀한 기회를 놓치기 싫어서 보호대를 차고 산에 오르기로 했다. 호텔에서 새벽 5시에 출발해 산 입구에 도착하자 새벽 6시였다. 이곳 역시 강도와 강간범이 자주 출몰하기로 악명이 높은 곳인데 가이드는 최근 경찰초소가 세워졌고 치안이 강화됐으니 안심하라고 했다. 문제는 올라가는 데 한 시간 반, 내려오는 데 한 시간 걸린다는 책자의 소개와 달리 올라가는 데 네 시간, 내려오는 데 두 시간이나 걸리는 난코스였다는 것이다. 산 중턱에 이르자 검은 화산재가 긴 벨트를 이루고 그곳에 사람길이 나 있었다. 나는 이렇게 기막힌 장관을 놓치지 않으려고 거금을 들여 산 전문가용 카메라로 사진을 찍었다. 그러나 그것도 잠시, 가파른 언덕이 나타났고 바닥은 검은 화산재로 가득해 발이 푹푹 빠져서 걷는 게 너무 힘들었다. 게다가 바람이 너무도 강하게 불어 몸을 가누기조차 힘들었다. 도중에 포기하려 한 것이 몇 번인지 모른다. 하지만 그동안 올라온 것도 아깝고 오기가 나서 멈출 수가 없었다. 얼마를 더 갔을까, 얼굴이 뜨거워지면서 바로 옆에 붉은 불씨가 살아 있는 활화산이 나타났다. 그러나 너무 지쳐 배낭에 든 카메라를 꺼낼 수가 없어 친구가 가지고 있던 자동카메라로 만족해야 했다. 게다가 안개와 구름에 가렸다가 한참만에 짧게 모습을 드러내는 불씨들을 카메라에 담는 것도 쉬운 일이 아니었다. 결국 활화산 구경은 했지만 무릎이 아파 여행 내내 고생을 해야 했다.

아띠뜰란과 티칼

세계에서 가장 아름다운 호수라는 평을 듣고 있는 아띠뜰란 호수는 안띠구아에서 3시간 떨어진 곳에 있다. 3시간을 달려 도착한 아띠뜰란 호수는 무척 아름다웠다. 칠레에서 아르헨티나로 이어지는 호수들에 비하면 신비감이 덜

시장 풍경

노을이 지는 아띠뜰란 호수

해 세계에서 가장 아름다운 호수라는 말이 과장이라는 생각도 들었지만 어찌

보면 꼭 그런 것도 아니었다. 칠레의 호수들이 사람이 살지 않아 때문지 않은

호숫가에서 빨래하는 아낙네들

자연미가 돋보였다면, 아띠뜰란 호수는 호수를 둘러싼 작은 마을들이 너무 아름다웠다. 자연과 인간이 조화를 이룬 총체적인 아름다움을 가진 호수였다. 배를 타고 호수 건너 마을인 산티아고 아띠뜰란에 도착하자 꼬마들과 어른들이 서로 안내를 하겠다고 달려들었다. 그 중 한 꼬마가 영어를 그런대로 하길래 안내를 맡겼다. 한두 달 전 폭우가 내려 한 마을이 완전히 흙속에 묻혀 2천 명 이상 생매장이 됐다는 기사를 읽었기에 그곳에 데려다 달라고 했다. 꼬마가 데려다준 곳에서는 흙더미에 묻힌 마을을 파내는 작업이 한창이었다. 안타까운 장면이었다.

이 지역은 전통적인 마야의 생활 방식이 잘 보존된 곳으로 좌익 게릴라들의 영향력이 강했던 곳이기도 하다. 그래서 군이 수백 명의 주민들을 죽여 버렸다가 주민들의 저항으로 제일 먼저 철수한 지역이다. 마을 중심부로 들어가자 여자들이 손으로 짠 형형색색의 전통의상들이 시장에 걸려 있었

전통 의상을 차려입은 인디오들이 미사를 드리고 있다

다. 그리고 성당에는 화려한 전통 옷을 입은 마야 인디오들이 모여앉아 열심히 기도를 올리고 있었다. 마야 전통을 연구하는 사람에게는 정말 좋은 곳이었다.

이어서 다시 배를 타고 산페드로라라구나 마을로 향했다. 앞의 마을보다 작았지만 너무도 평화롭고 아름다웠으며 나른한 느낌의 천국 같은 마을이었다. 그곳에는 우리네 시골 원두막 같은 집이 사방에 있었는데, 바로 스페인어 학교였다. 일주일에 5일, 하루 4시간 동안 일 대 일 강의가 진행되지만 수강료는 50달러에 불과하다. 언어도 배우고, 자연도 구경하고, 마야문명도 배우는 일석삼조의 학교인 셈이다.

이 마을에서 한 가지 특이한 것은 잘 훈련된 말들을 빌려줘서 초보자도 말을 타고 마을을 돌아볼 수 있다는 점이다. 말을 타본 적은 한번도 없었지만 나도 용기를 내어 말을 빌려 탔다. 말 주인이 앞에 가고 나와 친구가 그 뒤를 천천히 따라갔다. 말을 타고 천천히 시골 길을 걸으며 아름다운 아띠뜰란 호

티칼의 제4피라미드

밀림 속에 자리한 피라미드들

초저가 스페인어 학교 현판

수와 산페드로 화산을 바라보는 순간은 잊을 수 없는 체험이었다. 그리고 왜 아띠뜰란이 세상에서 가장 아름다운 호수라는 평을 듣는지 이해가 됐다.

마야 유적지 티칼은 과테말라의 북부 지역에 있어 멕시코 국경과 가깝다. 자전거로 세계일주를 했던 한 여행가가 이집트의 피라미드, 페루의 마추픽추를 제치고 가장 감동적인 유적지였다고 평가한 곳이다. 원래 계획은 티칼에서 가까운 멕시코 남부의 또 다른 마야 유적 팔렝케까지 방문하는 것이었는데, 일정에 쫓기고 현지 사정을 몰라 일단 티칼만 가보기로 했다. 과테말라에서 비행기를 타고 한 시간을 날아 호수가의 아름다운 소도시 플로레스에 도착했다. 버스를 타고 포장도로를 달리다가 호수를 만나자 다시 비포장도로로 한참 들어가니 숙소가 나타났다. 역시 정글 속의 이 호텔도 장총을 멘 경호원들로 둘러싸여 있었다.

다음날 아침 일찍 티칼의 유적을 찾았다. 티칼의 참맛은 이른 새벽 동쪽 끝에 위치한 제4피라미드로 올라가 정글에서 올라오는 태양을 보며 동물들이 깨어나는 소리를 듣는 것이라고 한다. 그런데 우리는 유적지 내에 숙소를 잡지 못해 이른 새벽에 유적지에 들어갈 수가 없어서 포기해야 했다. 티칼의 피라미드들은 이집트, 툴룸과 체첸이사, 테호투아칸과 같은 멕시코의 다른 피라미드와 달리 정글 속에 띄엄띄엄 세워져 있어 정글 속을 탐험하는 특별한 맛이 있었다. 정글을 돌아다니다 보니 이런 환경에서 어떻게 돌을 구해 이렇게 거대한 피라미드를 세웠는지 궁금했다. 티칼 피라미드의 또 다른 특징은 다른 피마리드에 비해 경사가 급하고, 옆으로는 좁고 위로는 높아 아름답고 날씬한 외형을 갖고 있다는 점이다. 그뿐 아니라 정글 속에 세워져 있기 때문에 피라미드에 올라가면 끝없이 펼쳐진 숲 사이로 무채색의 피라미드와 건축물들이 솟아있는 장관을 볼 수 있다. 이 역시 아띠뜰란 호수처럼 자연과 인간의 작품이 조화를 이룬 기막힌 장면이었다. 하지만 한편으로는, 이렇게 아름다운 건축물을 만든 마야족의 영광은 다 어디 가고 이제 아메리카 대륙에서 가장 비참한 나라로 전락해버렸나 싶어 안타까운 마음이 들었다.

주목할 것은 티칼과 같은 마야의 뛰어난 도시들이 멸망한 이유다. 최근 연구에 따르면 환경 파괴 때문이었다고 한다. 피라미드를 비롯한 대부분의 건축물들은 표면에 석회석으로 하얗게 채색을 했는데 이렇게 하기 위해서는 석회석을 불로 녹여야 한다. 그래서 많은 나무가 필요했기 때문에 건물 하나를 지으려면 20킬로미터 이내의 모든 나무를 베어 불쏘시개로 사용해야 했다. 결국 삶의 터전인 열대우림이 회복할 수 없을 정도로 훼손됐고, 생태계가 무너져 농사마저 짓지 못하게 되자 도시를 버리고 다른 곳으로 이주해야 했다. 그러나 정말 안타까운 것은 이런 비극에서 전혀 교훈을 얻지 못하고 똑같은 일을 반복하고 있다는 사실이다. 미국의 석유 메이저들이 석유를 채취하려고, 부유한 목장주들이 목장을 개발하기 위해 과테말라의 열대우림을 무차별 벌채하고 있는 것이다.

세계화와 고독의 슬픔

앞에서 지적했듯이 과테말라 여행 1년 반 전 남미를 여행하며 느낀 것은 세계화와 중국의 힘이었다. 브라질, 아르헨티나 같은 남미의 자원대국들이 중국의 폭발적인 자원수입으로 때 아닌 경제성장을 경험하고 있어서 중국의 존재를 사방에서 느낄 수 있었다. 당시 남미를 다녀와 "남미, 어땠어?" 라고 물어오는 동료 학자들에게 "응, 중국을 보고 왔어"라고 답하자 모두들 의아하게 생각했다. 하지만 내 설명을 듣고 나면 모두를 고개를 끄떡이며 깊은 공감을 표시했다.

마찬가지로 과테말라 여행에 대해 어땠느냐고 묻는다면 나는 또 다시 "응, 중국을 보고 왔어"라고 답할 것이다. 다시 말해, 궁극적으로 과테말라에서 느끼고 온 것은 엉뚱하게도 다시 한번 중국이었다. 물론 과테말라는 브라질, 아르헨티나처럼 중국이 원하는 지하자원을 가진 나라가 아니다. 그럼에도 과테말라에서 중국을 느낀 것은 정반대의 이유 때문이다. 과테말라는 커피, 사탕수수, 바나나를 주로 생산하고 수출하는 농업국이지만, 동시에 싼 임금과 근면한 노동력으로 미국시장을 겨냥한 봉제공장이 발달했던 곳이다. 그러나 중국의 산업화가 진행되면서 과테말라의 봉제산업은 경쟁력을 잃어버렸다. 가뜩이나 어려운 경제가 더욱 나빠지고 있는 것이다. 과테말라의 싼 임금도 중국에 비하면 두 배나 비싼 편이어서 봉제공장들이 하나둘 중국으로 빠져나가고 있는 것이다. 현지에서 만난 한국인 봉제업자도 한국봉제업자들이 많이 떠났고 자신도 중국으로 공장을 옮기는 것을 고려하고 있다고 말했다. 세계

지금 우리들에게 세계화는 과연 무엇인가

화에 따른 하향 경쟁, 즉 더 싼 임금을 향한 하향 경쟁이 과테말라까지 영향을 주고 있으며 중국 바람으로 경제는 더욱 죽어가고 있었다. 그 결과 사방에서 출몰하는 것은 바로 '강도'였다.

싼 임금으로 노동자들을 수탈했던 외국기업이 과테말라를 떠나면서 민중들이 겪고 있는 고통을 보니 한 남미 연구자의 지적이 문득 떠올랐다.

"남미를 비롯한 제3세계가 겪어야 했던 수탈과 종속도 비극적이지만 종속보다 더 비극적인 것은 (선진국 기업들이 착취도 하지 않고 홀로 내버려두는) 독백과 고독이다."

노동자가 열악한 환경에서 착취당하는 것도 비극이지만 더 비극적인 것은 실직과 가난에서 벗어날 기회조차 없는 현실이라는 것이다. 과테말라시티를 떠나는 비행기에서 슬픈 마야의 땅을 내려다보며, 착취당하고 싶어도 착취당하지도 못하는 독백의 고통, 이런 고통이 무서워 더 낮은 임금으로 많이 착취해 달라고 서로 경쟁해야 하는 세계화의 비극을 곰곰이 되씹어 보았다.

에필로그

"유령이 유럽대륙을 배회하고 있다. 공산주의라는 유령이."

마르크스가 1백 50년 전에 쓴 『공산당선언』의 유명한 첫 구절입니다. 그러나 마르크스가 다시 태어난다면 『공산당선언』의 첫 구절은 이렇게 바뀌었을지 모릅니다.

"유령이 라틴아메리카를 배회하고 있다. 좌파정부라는 유령이."

그렇습니다. 소련 동구 몰락 이후 현재 세계는 신자유주의로 물들고 있습니다. 그럼에도 불구하고, 아니 어쩌면 그렇기 때문에 라틴아메리카에서는 좌파정권들이 등장하고 있는 것인지도 모르겠습니다. 일종의 안데스 좌파벨트가 형성되고 있는 것입니다.

물론 그 중심에는 반신자유주의 투쟁의 선두주자인 차베스가 있습니다. 볼리비아에서도 반신자유주의를 내건 원주민 출신의 좌파운동가가 대통령에 당선됐습니다. 니카라과에서도 산디니스타 혁명의 주역이었던 오르테가가 다시 선거에서 승리해 정권을 되찾았습니다. 가장 최근에는 에콰도르에서 제2의 차베스를 꿈꾸는 좌파정치인이 대통령 선거에서 승리했습니다. 간발의 차이로 패배한 좌파정치인들도 있습니다. 페루와 멕시코가 그렇습니다. 차베스식의 반신자유주의 정권은 아니지만 브라질 PT당의 룰라를 비롯해 아르헨티나, 칠레도 넓은 의미에서는 좌파 정부가 들어서 있습니다.

결국 신자유주의의 폐해는 라틴아메리카의 민중들이 좌파정부에 표를 던지도록 만들고 있습니다. 이것은 우리 모두에게 시사하는 바가 매우 큽니다. 물론 룰라 정부의 실험이 보여주듯이 이런 지지에 힘입어 정권을 잡은 좌파정부들이 민중들의 염원을 얼마나 실현해줄 수 있느냐는 좀 더 두고 봐야겠지요. 그렇더라도 아직 라틴아메리카는 우리에게 많은 것을 가르쳐주는 '스승'입니다. 90년대 이후 한국경제가 발전하면서 선진화에 대한 낙관론이 대세를 이루자, 그동안 우리 사회를 이해하는 데 중요한 이론적 자원으로 생각했던 라틴아메리카를 우리와 무관한, 낙후한 패배자들로 인식하는 경향이 지배적이 되었습니다. 그러나 여행을 통해 이런 인식이 잘못된 것임을 깨닫게 됐습니다.

이번 여행을 통해 깨달은 것이 또 하나 있다면 바로 '라틴적 삶'입니다. 여행을 하면서 새로운 것을 보고 배우는 것도 중요하지만 우리와는 다른 삶을 경험해보면서 자신의 여러 면을 발견하고 성찰하는 것 역시 중요합니다. 그렇기때문에 여행이란 자기 자신과의 대화이자 나의 재발견이기도 합니다. 우리는 원래 시간을 잘 안 지키는 느긋한 '코리안 타임의 나라'였습니다. 그러나 그간의 압축성장과 속도전 때문에 '빨리빨리의 나라'로 변해버렸습니다. 반면

(스테레오타입을 만들고 싶지는 않아 조심스럽습니다만) 라틴아메리카 사람들은 시간이 있으면 놀고 즐기는 라틴적 삶을 이어갑니다. 한국 교포들이 모여 사는 LA에 가면 한인 비즈니스 업체의 종업원들이 대부분 라틴아메리카계입니다. 교포들은 월급을 받으면 안 나오고 돈이 떨어지면 다시 일하러 나오는 이들의 하루살이주의와 게으름을 경멸합니다. 하지만 오히려 이들로부터 라틴적 삶을 배워보는 건 어떨까요. 이제 우리 안에서 일과 경제적 성공의 노예가 된 호모 파베르(작업인)를 호모 루덴스(유희인)로 바꿔 나가야 할 때인지도 모릅니다.

1997년 한국의 경제위기 당시 대부분 어떻게 경제위기를 극복할 것인가를 놓고 백가쟁명식 주장이 터져 나왔습니다. 그러나 저는 단순히 경제위기를 극복해 고도성장을 회복하는 것이 전부는 아니라고 생각했습니다. 우리 사회를 지배해온 경제일변도의 문명을 이번 기회에 인간중심의 문명, 생태중심의 문명으로 바꿔야 한다고 주장했습니다. 많은 노동자들을 거리로 내모는 대신 노동시간을 단축하고, 필요하다면 이것에 상응하는 임금삭감을 통해 위기를 극복해야 한다고 주장했습니다. 단순히 고통을 분담해 노동자 사이의 연대를 유지하려고 하는 게 아닙니다. 이 기회에 덜 생산하고, 덜 소비하고, 조금 더 가난하더라도 자기 시간을 더 많이 가지면서 삶의 질을 높이는 문명의 전환이 필요하다는 것입니다. 저의 이런 문제의식은 여전히 유효하며 라틴식 삶을 경험하면서 오히려 더욱 확신하게 되었습니다.

남미여행은 시간이 많이 걸리고 돈도 많이 들기 때문에 보통 나이 들어 마지막 여행지로 남미를 선택하는 경향이 있습니다. 그러나 이것은 잘못된 생각입니다. 남미는 워낙 멀고 시차도 크며 고산지대가 많아 나이가 들어서 가면 그만큼 힘들고 고생스럽기 때문입니다. 빚을 내서라도 가능하면 한 살이라도 더 젊었을 때 남미여행을 다녀오라고 조언해 드리고 싶습니다. 특히 돈이 들더라도 이스터 섬을 꼭 다녀오십시오. 태평양 한가운데에 있는 오지인 데다 교통수단이 제한되어 있어 원시의 모습이 그대로 보존되어 있고, 섬 꼭대기에 앉아 먼 지평선을 보고 있노라면 지구가 지나온 억겁의 세월을 온몸으로 느끼지 않을 수 없습니다. 그래서 '우리는 무엇이고, 어디서 왔으며, 어디로 가고 있는 것인가'라는 근본적인 성찰을 할 수 있는 너무도 좋은 장소입니다.

남미 여행을 처음 시작한 미국 안식년 시절 미주 한국일보에 한 교포가정의 이야기가 소개됐습니다. 세탁소를 경영하는 이 교포가족은 다른 많은 교포가족들이 그렇듯 이국땅에서 열심히 일을 하지만 일 년에 한 달은 무조건 가게를 닫고 가족이 함께 오지여행을 떠난다는 것입니다.

물론 그것도 여유가 있어야 하는 것 아니냐고 하실지 모르지만 경제적 여유라는 것도 상대적인 것입니다. 가난해도 즐겁게 자신의 삶을 즐기며 사는 것, 그것이 바로 라틴아메리카에서 배울 중요한 교훈입니다.

비바, 라틴아메리카!